Geopolíticas asiáticas

Da Ásia Central ao Extremo Oriente

Geopolíticas asiáticas
Da Ásia Central ao Extremo Oriente

Nelson Bacic Olic
Geógrafo.
Autor de livros paradidáticos.
Co-autor de *Geografia* do Sistema Uno de Ensino (Editora Moderna).
Editor do boletim *Mundo — Geografia e Política Internacional*.
(Editora Pangea)

Beatriz Canepa
Graduada em Jornalismo pela PUC-SP e Ciências Sociais pela USP.
Mestre em Relações Internacionais
pela New School University, Nova York.
Editora do *Almanaque Abril* (Editora Abril) de 1996 a 2002.
Autora de livros da coleção Polêmica.

Moderna

Moderna

COORDENAÇÃO EDITORIAL Lisabeth Bansi
PREPARAÇÃO DE TEXTO Ademir Garcia Telles
COORDENAÇÃO DE PRODUÇÃO GRÁFICA André Monteiro, Maria de Lourdes Rodrigues
COORDENAÇÃO DE REVISÃO Estevam Vieira Lédo Jr.
REVISÃO Jane dos Santos Coelho Taniguchi
PROJETO GRÁFICO, EDIÇÃO DE ARTE E CAPA Ricardo Postacchini
FOTO DE CAPA Bandeiras representando os países da Ásia no globo.
© Ian Mckinnell/ Getty Images
DIAGRAMAÇÃO Cristiane Urbinatti
COORDENAÇÃO DE PESQUISA ICONOGRÁFICA Ana Lucia Soares
PESQUISA ICONOGRÁFICA Thaïs Falcão
COORDENAÇÃO DE TRATAMENTO DE IMAGENS Américo Jesus
TRATAMENTO DE IMAGENS Fabio N. Precendo
SAÍDA DE FILMES Helio P. de Souza Filho, Marcio Hideyuki Kamoto
COORDENAÇÃO DE PRODUÇÃO INDUSTRIAL Wilson Aparecido Troque

IMPRESSÃO E ACABAMENTO EGB - Editora Gráfica Bernardi - LTDA

Dados Internacionais de Catalogação na Publicação (CIP)
(Câmara Brasileira do Livro, SP, Brasil)

Olic, Nelson Bacic
Geopolíticas asiáticas : da Ásia central ao extremo Oriente / Nelson Basic, Beatriz Canepa. — São Paulo : Moderna, 2007. — (Coleção polêmica)

Bibliografia.
ISBN 978-85-16-05468-7

1. Geopolítica – Ásia I. Canepa, Beatriz. II. Título. III. Série.

07-1894 CDD-320.12095

Índices para catálogo sistemático:
1. Ásia : Geopolítica 320.12095
2. Geopolíticas asiáticas 320.12095

EDITORA MODERNA LTDA.
Rua Padre Adelino, 758 - Belenzinho
São Paulo - SP - Brasil - CEP 03303-904
Vendas e Atendimento: Tel. (0_ _11) 6090-1500
Fax (0_ _11) 6090-1501
www.moderna.com.br
2007

Impresso no Brasil

1 3 5 7 9 10 8 6 4 2

Aos nossos pais.

Sumário

Introdução

Inúmeras razões levaram-nos a fazer um livro sobre regiões asiáticas. Uma delas se prende ao fato de que a maior parte da população mundial está situada nesse continente. Dos cinco países com maior contingente demográfico, três são asiáticos. A China (com 1,3 bilhões de habitantes), a Índia (com cerca de 1,1 bilhão) e a Indonésia (com mais de 225 milhões) ocupam, respectivamente, o primeiro, o segundo e o quarto lugares nesse *ranking* demográfico. Se considerarmos que o Paquistão, Bangladesh e a Rússia possuem populações em torno de 150 milhões de habitantes cada um, quase metade dos seres humanos do planeta concentra-se em terras asiáticas.

Estão ainda no continente asiático o Japão — a segunda maior economia do mundo —, a China — país que nas últimas duas décadas vem apresentando os ritmos mais expressivos de crescimento econômico — e os chamados "Tigres Asiáticos" ou novos países industriais (NPIs), que têm levado muitos a afirmar que o eixo da economia mundial, durante séculos centrado no Atlântico Norte, está se deslocando para o Pacífico Norte.

Além do mais, deve-se ressaltar que se localizam no continente asiático a região detentora das maiores reservas de petróleo do mundo (Oriente Médio) e outra área cada vez mais promissora na produção de hidrocarbonetos (Ásia Central).

Vários países do continente possuem artefatos nucleares, como o Paquistão, a Coréia do Norte, a Índia e a China. A propósito, esses dois últimos países são considerados por especialistas como potências emergentes do século XXI, especialmente a China, já considerada como aquela que poderá eventualmente desafiar, nas próximas décadas, a hegemonia geopolítica global exercida atualmente pelos Estados Unidos.

Levando em conta o fato de que a definição de "até onde se estende o continente asiático" é objeto de polêmicas e de que algumas áreas, como o Oriente Médio e a Rússia, mereceriam abordagens específicas, optamos por fazer uma análise limitada a quatro áreas do continente: Ásia Central, Subcontinente Indiano, Sudeste Asiático e Extremo Oriente.

Essas quatro macrorregiões asiáticas compreendem cerca de trinta países do continente. Alguns deles, como o Butão e Brunei, em razão de sua pequena expressão econômica e geopolítica, foram apenas citados. Outros como o Japão, a China e a Índia mereceram maior destaque.

Quase sempre as abordagens em cada uma dessas quatro regiões foram feitas em dois grandes níveis. No primeiro, as análises foram mais de caráter geral, em que foram ressaltados os aspectos geográficos e históricos do espaço macrorregional. O segundo diz respeito a análises mais específicas com ênfase em alguns países-chave, com destaque para suas respectivas evoluções geopolíticas.

Esperamos com essa obra poder contribuir para que o leitor conheça melhor essa parte do mundo, onde velhas sociedades e novos países compartilham o mesmo espaço geográfico.

Parte 1

Ásia Central

A Ásia Central é formada por cinco países encravados no coração do continente asiático, numa região estratégica que faz a ligação entre Extremo Oriente, Europa e Oriente Médio. São eles: Casaquistão, Turcomenistão, Usbequistão, Tadjiquistão e Quirguistão.

O espaço hoje conhecido como Ásia Central é algo recente na divisão regional do continente asiático. Durante boa parte do século XX (1922 a 1991) essas nações fizeram parte da União Soviética. Apenas em 1991, com a dissolução do grande império comunista e a subseqüente independência dessas cinco repúblicas, é que a Ásia Central despontou com o *status* de uma nova região no contexto geopolítico mundial

Atualmente, a Ásia Central ganha cada vez mais importância no cenário global por várias razões. A principal delas é a descoberta de novas e promissoras reservas de hidrocarbonetos (gás natural e petróleo) na região do mar Cáspio, que vem aguçando os interesses de países e grandes multinacionais não só por sua exploração, mas também pelo seu transporte para mares abertos. Se no século XIX a região esteve envolvida no embate geopolítico entre os impérios Russo e Britânico, numa disputa que ficou conhecida como "O Grande Jogo", hoje a questão central envolve o acesso aos hidrocarbonetos e o traçado dos dutos que devem escoar esses recursos energéticos. Esse é "O Grande Jogo da Atualidade".

A artificialidade das fronteiras nacionais num espaço que se destaca pela incrível diversidade étnica merece especial atenção. A Ásia Central está localizada numa encruzilhada de povos e civilizações que, ao longo do tempo, deixaram marcas culturais indeléveis nas populações atuais. A uma base original turco-persa, que legou à maioria os fundamentos lingüísticos e religiosos, sobrepôs-se, nos últimos dois séculos, a influência eslavo-ortodoxa russa. Como resultado, mais de uma centena de povos vive na região, um autêntico caldeirão étnico que os soviéticos arbitrariamente dividiram em cinco repúblicas, traçando fronteiras em total desarmonia com a realidade.

A exemplo do que ocorre na África, quando povos tão distintos, e às vezes hostis, são obrigados a compartilhar o mesmo espaço nacional, o terreno torna-se fértil para a eclosão de embates e tensões geopolíticas. Durante décadas, o poder central soviético abafou conflitos latentes na região com a força das armas. Assim, com a independência e a retirada soviética, a Ásia Central entrou numa fase de instabilidade política.

O renascimento do islamismo radical, igualmente tolhido durante o domínio soviético, também desponta como uma questão-chave nos dias de hoje, sobretudo se considerarmos que a imensa maioria dos habitantes da Ásia Central é muçulmana. Países como o Usbequistão e o Tadjiquistão sentiram os efeitos do avanço fundamentalista no vizinho Afeganistão, especialmente a partir da época em que este país viveu sob o regime dos talibans. Desde então, seus governos têm investido pesado na repressão a grupos militantes islâmicos que lutam pela implantação de estados religiosos puros. O combate ao extremismo islâmico explica a recente e crescente presença militar dos Estados Unidos na região, no contexto da chamada Guerra ao Terror, numa área que a Rússia julga ser historicamente de sua influência.

O apetite insaciável por energia também mantém os Estados Unidos de olhos fixos na Ásia Central. Na corrida pelo "ouro negro", o grande "promotor da democracia" aposta todas as cartas na assinatura de acordos milionários com alguns dos governos mais autoritários e corruptos do mundo. Deve-se lembrar que, apesar da independência, as cinco ex-repúblicas conservam boa parte das estruturas políticas montadas durante a era soviética. Seus presidentes fizeram parte da *Nomenklatura*, isto é, integraram o partido e a burocracia comunista na época da União Soviética. São governos conhecidos pelo nepotismo, pela corrupção, pela perseguição aos grupos de oposição e pelo culto à personalidade de seus líderes.

1. Espaços naturais e impactos ambientais

Todos os países que compõem a Ásia Central são Estados interiores, isto é, não possuem acesso a oceanos ou mares abertos. Quando incluímos na região o Afeganistão e a Mongólia, estamos diante da maior área com países interiorizados do planeta. Mais de 2 mil quilômetros separam essa macrozona do mar Negro, do golfo Pérsico, dos oceanos Índico e Pacífico. O Usbequistão, por exemplo, é considerado um dos países mais "continentalizados" do mundo, porque faz fronteiras apenas com Estados desprovidos de orlas marítimas.

ÁSIA CENTRAL: ASPECTOS NATURAIS

Estepes secas e semi-áridas dominam a região, limitada a oeste pelo mar Cáspio e ao sul pelas altas montanhas do Hindu Kush e dos montes

Pamir. Os montes Tian Shan formam a fronteira natural a leste. Ao norte, os limites não ficam bem definidos, já que as estepes do Casaquistão se confundem com o domínio da Sibéria russa.

Em tempos passados a Ásia Central era conhecida como a "terra entre dois rios", o Amu Daria (o antigo Oxus) e o Sir Daria (Jaxartes), os cursos fluviais de maior importância na região. Ambos têm suas nascentes nas altas montanhas que fazem parte do sistema do Himalaia e percorrem cerca de mil quilômetros até alcançarem sua foz, o mar de Aral. O Amu Daria já serviu de fronteira entre os impérios Turco e Mongol e o Império Persa. No século XIX, separou as áreas sob o domínio do Império Britânico daquelas sob o controle do Império Russo.

Esses amplos domínios estépicos são cercados por altas montanhas e entrecortados por inúmeros vales fluviais (com destaque para o de Fergana) e oásis onde se desenvolveram algumas das principais e mais antigas cidades da Ásia Central, como Samarcanda e Bukara. Na região, estendem-se dois desertos: ao sul, o deserto de Kara Kum (areias negras), que cobre amplas áreas do Turcomenistão; mais ao norte, no Usbequistão, o deserto de Kizil Kum (areias vermelhas).

Agressões à natureza

Ao contrário de outras partes da Ásia, assoladas por catástrofes naturais que fogem ao controle do homem (terremotos, maremotos, vulcões ou inundações), os principais desastres ambientais em curso na Ásia Central resultam da ação humana, mais precisamente russa. Não é exagero afirmar que sete décadas de domínio soviético relegou a região a uma situação de crise ecológica generalizada a ponto de a saúde das populações locais estar seriamente ameaçada.

O motor da destruição foi a construção de vastas redes de irrigação nessa ampla área desértica, com o objetivo de promover a agricultura comercial. Quando mal concebidos e administrados, projetos dessa natureza provocam desperdício de água, esgotamento dos recursos hídricos e salinização e alcalinização dos solos. É o que vem ocorrendo em vastas porções da Ásia Central e, de forma dramática, na região do mar de Aral.

E, como era de esperar numa região desértica e cada vez mais comprometida pela falta de água, a gestão dos escassos recursos hídricos é fonte de inúmeros conflitos de interesse entre vizinhos. O pomo da discórdia são os rios Amu Daria e o Sir Daria, que deságuam no mar de Aral. Enquanto o Tadjiquistão e o Quirguistão controlam as nascentes e altos vales de ambos os rios, o Usbequistão e o Turcomenistão, localizados a jusante, consomem efetivamente cerca de 70% dos recursos para irrigar culturas de algodão.

A esses problemas somam-se a poluição dos lençóis freáticos, a erosão dos solos e sua poluição por produtos químicos ou resíduos industriais. O Casaquistão, por exemplo, enfrenta as conseqüências de mais de trezentos experimentos nucleares realizados no polígono de ensaios de Semipalatinsk (atual Semei). Experiências com armas químicas e biológicas também foram realizadas no Usbequistão.

Mais recentemente, outro acontecimento ganha destaque e gera apreensão: o transbordamento das águas do mar Cáspio, um lago interno que recebe o nome de mar por causa de sua enorme extensão (400 mil km^2 ou duas vezes o estado do Paraná). Desde 1978, o nível do mar subiu cerca de 3 metros e deverá elevar-se em mais 1 metro até 2010.

O fenômeno vem afetando todos os países ribeirinhos (Casaquistão, Rússia, Azerbaijão, Turcomenistão e Irã), ameaçando cidades, vias de comunicações, plantações, instalações industriais e campos de gás e petróleo localizados em sua orla. Em certos locais, a costa desse mar se deslocou vários quilômetros continente adentro, como no Casaquistão, que já perdeu mais de meio milhão de hectares de terras. Na Rússia, mais precisamente nos territórios planos e baixos da costa norte e nordeste, onde o mar avança sem obstáculos, os danos são ainda maiores. No Turcomenistão, as águas carregam produtos perigosos à saúde humana.

Oscilações de nível são típicas em lagos ou mares fechados. O mar Cáspio, por exemplo, já havia sofrido outra alteração significativa no século XX, mais precisamente entre 1930 e 1978, quando o nível de suas águas baixou de forma preocupante, a ponto de considerar-se uma tendência irreversível. Especialistas logo atribuíram o fenômeno à diminuição do fluxo de água dos rios que deságuam no Cáspio. O principal deles é o Volga, que drena extensas áreas do território russo antes de lançar suas águas sobre o Cáspio. Quase metade da população russa e pelo menos um terço da produção industrial e agrícola do país se concentram em áreas da bacia do Volga. Assim, tudo o que acontece ao longo desse imenso vale causa amplas repercussões sobre o Cáspio. Dessa forma, quando as águas desse mar baixaram, a superutilização do Volga naturalmente despontou como principal causa. O que dizer, no entanto, sobre o recente transbordamento de suas águas? Até o momento, estudiosos não encontraram uma explicação convincente para o fenômeno e seus desdobramentos num futuro próximo.

Fonte: Adaptado da Revista *Manière de voir*, n° 65, set/out 2002, Paris, *Le Monde Diplomatique*.

Mar de Aral: uma catástrofe anunciada

Um dos maiores desastres ambientais e humanos de que se tem notícia vem ocorrendo no mar de Aral, na verdade um enorme lago que banha terras do Casaquistão e do Usbequistão, na Ásia Central. Nas últimas quatro décadas, o mar de Aral perdeu nada menos do que dois terços de sua área líquida por causa da exploração irracional das fontes de água da região.

Por volta da década 1960, o mar de Aral tinha uma superfície de 66 mil km^2, uma profundidade média de 16 metros e graus de salinidade inferiores aos dos oceanos. Foi quando autoridades da antiga União Soviética puseram em prática uma intensa política de irrigação utilizando as águas dos principais rios que alimentam o mar de Aral e toda a região: o Amu Daria, ao sul, e o Sir Daria, a nordeste. A paisagem regional ganhou nova feição com o aparecimento de aproximadamente 7 milhões de hectares destinados ao cultivo de algodão. Em pouco tempo, o Usbequistão tornou-se o quarto maior produtor e o segundo exportador mundial do "ouro branco".

O sucesso econômico, no entanto, veio à custa de graves danos ao meio ambiente e às populações da região. Desde a segunda metade da década de 1990, nenhuma gota de água dos rios tem chegado ao Aral. A interrupção do fluxo de água, combinada com a forte evaporação e a falta de chuva (deve-se lembrar que o clima dominante da região é desértico), reduziu em 65% a superfície do mar. O volume de água decresceu em 80%, a profundidade média diminuiu significativamente, e a salinidade tornou-se similar à dos oceanos em geral.

À medida que recua, o mar vai deixando em seu leito seco milhares de hectares de áreas desérticas, recobertas por sais, alguns deles tóxicos, que os ventos dispersam por uma vasta região. E, no que ainda resta desse grande lago, a água está comprometida pela alta salinidade e pela alta carga de resíduos químicos e bacteriológicos resultantes do uso abusivo de adubos, pesticidas e outros produtos químicos.

As conseqüências do secamento do mar de Aral para os habitantes da região já se mostram gravíssimas. Mais de 1 milhão de pessoas, em especial mulheres e crianças, sofrem ameaças de poluição tóxica. Estudos feitos por médicos e sanitaristas revelam altos níveis de metais pesados, sais tóxicos e outras substâncias na água potável. A maior parte dos vegetais consumidos está contaminada por pesticidas utilizados de forma indiscriminada para combater pragas que atacavam os algodoais.

Como conseqüência, nos últimos vinte anos houve um aumento brutal de doenças que atacam os rins e o fígado, especialmente câncer, como também um incremento desmesurado de doenças artríticas e bronquite crônica. Cerca de 20% das mulheres entre 13 e 19 anos sofrem de doenças renais e de disfunções na tireóide. Muitas delas possuem altos níveis de metais pesados (chumbo, zinco e estrôncio) no sangue. Como cerca de 90% das mulheres apresentam anemia, grande parte delas morre quando tem hemorragia, o que explica o altíssimo índice de mortalidade materna.

Adaptado do *Atlas da Globalização* (*Le Monde Diplomatique* – Edição portuguesa), p. 65.

A independência das repúblicas da antiga Ásia Central soviética, em 1991, gerou esperanças de melhora da situação. Mas os programas de assistência promovidos por organizações internacionais surtiram pouco efeito até agora. Contudo, sua presença na região vem alertando a opinião pública internacional para a catástrofe humana e ambiental em curso no mar de Aral.

2. Geopolítica e economia do Cáspio

Durante grande parte do século XX a soberania sobre o Cáspio foi compartilhada entre a União Soviética e o Irã, os dois países que eram banhados pelas águas do mar. Com a desintegração da União Soviética em 1991, o Cáspio passou a banhar o litoral de cinco países: Irã, Rússia, Casaquistão, Turcomenistão e Azerbaijão, estes últimos quatro surgidos com o fim da União Soviética. Por causa disso, a utilização de rios, portos, estradas que na época da União Soviética eram de uso comum passou a ser objeto de

controvérsias entre os novos países. A descoberta de importantes jazimentos petrolíferos e de gás na região e o interesse dos países ocidentais, especialmente dos Estados Unidos, sobre eles estão tornando mais complexas essas disputas e exigindo uma definição jurídica internacional sobre a utilização das águas do Cáspio e de seu rico subsolo.

Deve-se lembrar que potencialmente a região do Cáspio é considerada a terceira zona com as maiores reservas de hidrocarbonetos do mundo, depois da área do golfo Pérsico e da Sibéria. O novo contexto geopolítico que emergiu após o fim da União Soviética, a falta de um estatuto jurídico e o enorme interesse de companhias petrolíferas ocidentais na exploração dos recursos da região fazem prever que a região do Cáspio seja objeto de acirradas disputas e tensões permanentes.

A antiga União Soviética foi a primeira a criar uma regulação jurídica internacional para o Cáspio quando, em 1921, firmou um tratado a esse respeito com o Irã. As disposições desse tratado foram se ajustando até 1940,

PARTILHA DO MAR CÁSPIO, SEGUNDO SETORES DE SUPERFÍCIE

País	Setor de superfíce (em %)
Casaquistão	29,0
Rússia	19,1
Azerbaijão	20,2
Turcomenistão	20,2
Irã	11,4

quando se definiu que os soviéticos exerceriam a soberania sobre 87% do Cáspio, e o restante ficaria sob o controle do Irã. O acordo, que só tratava das águas superficiais, teve como critério a extensão da linha litorânea dos dois países. Como a maior parte do litoral do Cáspio pertencia à União Soviética, esta ficou com um controle maior de área.

Ao longo da última década, os cinco países têm emitido opiniões conflitantes quanto à definição do estatuto jurídico que deva ser aplicado ao mar, especialmente no que se refere à exploração dos recursos reais e potenciais da plataforma continental — leia-se petróleo.

3. Casaquistão: país-chave da Ásia Central

Com cerca de 2,7 milhões de km^2, o Casaquistão é o maior dos Estados que compõem a região da Ásia Central. Seu território estende-se por cerca de 2,8 mil quilômetros no sentido oeste—leste, indo desde as costas setentrionais do mar Cáspio até as grandes cadeias de montanhas que se localizam junto às fronteiras orientais do país com a China.

No sentido norte—sul, numa extensão de mais de 1,6 mil quilômetros, o território casaque estende-se desde as estepes da Sibéria ocidental russa até o deserto de Kizil Kum, junto às fronteiras com o Usbequistão.

O vasto território do país, recoberto em grande parte por estepes, possui em seu interior grandes lagos, como o Balkash, que são alimentados pelos rios originários nas cadeias montanhosas da parte sul. O país divide com o Turcomenistão a soberania sobre o mar de Aral, na verdade um grande lago, que, como já foi dito, vem passando nas últimas décadas por graves impactos ambientais.

As estepes casaques foram no passado percorridas por diversos grupos tribais que praticavam o pastoreio nômade. Esses grupos foram sendo expulsos da porção norte dessa área pelo avanço da colonização russa. Nos séculos XVIII e XIX, à medida que a Rússia expandia seu império, fortificações militares russas foram ali implantadas e os grupos casaques, subjugados. O domínio dessa região serviu de trampolim para outras conquistas nessa parte do continente asiático.

O governo imperial russo enviou para as áreas conquistadas colonos russos e cossacos, que receberam terras e ali desenvolveram atividades agrícolas, com destaque para o plantio de trigo e algodão. Nas últimas décadas do século XIX, mais de 1 milhão de russos estabeleceram-se na porção setentrional do atual Casaquistão, que, desde então, se tornou predominantemente russo.

Poucas décadas depois, quando o Império Russo já havia desaparecido dando lugar à União Soviética, os líderes soviéticos deram prosseguimento à estratégia czarista de ocupação, reprimindo com violência as rebeliões de cunho nacionalista que ali aconteceram.

Como ocorreu com os demais países da Ásia Central, as fronteiras do Casaquistão foram traçadas por Stalin durante as décadas de 1920 e 1930 e, por serem arbitrárias e artificiais, não atenderam nenhuma realidade geográfica ou étnica. Por isso, tanto em termos de povoamento como no que tange aos espaços naturais, não há uma descontinuidade entre os territórios da Federação Russa e os do Casaquistão.

Por essa razão, o nacionalismo casaque não foi fundado sobre uma identidade nacional única, já que isso excluiria as populações de origem russa e levaria inevitavelmente ao separatismo. Deve-se ressaltar que a elite casaque utilizou durante muito tempo o russo, e não o casaque, como língua da cultura e do comércio.

A expressiva população de origem russa no Casaquistão (atualmente cerca de 30% do contingente total) é resultado da colonização agrícola efetivada originalmente pelo Império Russo. No período soviético, os "russófonos" estabeleceram-se principalmente nos centros urbanos, especialmente no norte do país.

O povo casaque foi o mais "russificado" da Ásia Central, e até a independência do país, ocorrida em 1991, parte considerável da população não falava a língua casaque e era o grupo humano da Ásia Central que mais se sentia ligado aos russos se comparado aos demais povos centro-asiáticos. Até o fim da União Soviética, havia mais russos (41%) que casaques (38%) no país e o restante da população era composto de cerca de uma centena de outros grupos étnico-nacionais (usbeques, uigures, chechenos, entre outros).

Imediatamente após a independência, em decorrência de medidas nacionalistas tomadas pelo novo governo, houve uma expressiva migração de retorno de indivíduos de origem russa e de outros grupos étnicos, fato que fez a população total diminuir em cerca de 10% e gerou um novo equilíbrio étnico-demográfico. O país possui atualmente cerca de 15 milhões de habitantes, dos quais pouco mais de 55% são pessoas de origem casaque, enquanto a porcentagem de russos é de aproximadamente 30%.

Do ângulo da distribuição da população, as porções meridionais do país são majoritariamente casaques e no centro-norte parte considerável da população é de origem russa. Para evitar eventuais movimentos separatistas, o governo casaque tomou uma série de medidas, entre as quais, em 1992, transferir a capital Alma-Ata (Almaty), situada no extremo sudeste do país, em área predominantemente casaque, para Astana, localizada bem mais ao norte.

Economia crescente, democracia ausente

O país possui importantes reservas energéticas, que permaneceram em grande parte inexploradas durante o período soviético, já que Moscou dava prioridade à exploração de recursos similares encontrados na Sibéria.

Há no país expressivas reservas de petróleo, e, ao longo do litoral do mar Cáspio, encontram-se jazidas de gás natural praticamente inexploradas, que, segundo alguns, estão entre as maiores do mundo. Tal constatação tem aguçado o interesse de empresas transnacionais e de vários países (espe-

O SISTEMA DE DUTOS DO CASAQUISTÃO

cialmente China, Estados Unidos e União Européia) não só na corrida para obtenção de acordos de exploração, mas também na busca de melhores caminhos para o escoamento desses recursos.

Outro importante aspecto que ressalta a importância estratégica do Casaquistão é que no início da década de 1950, quando norte-americanos e soviéticos se empenhavam na corrida espacial, estes últimos construíram, no centro do país, a base espacial de Baikonur, onde passaram a ser feitos testes de mísseis e lançamento de foguetes espaciais. Mais para leste, próximo às fronteiras do país com a China, a Rússia e a Mongólia, a União Soviética fez inúmeros testes de armas nucleares. As indústrias bélica e aeroespacial deixaram como herança problemas ambientais que continuam afetando a saúde das populações locais.

Na atualidade o principal problema que o país enfrenta refere-se ao autoritarismo e à corrupção de seus dirigentes, a começar por seu presidente, Nursultan Nazarbaiev, ex-secretário geral do Partido Comunista do Casaquistão. Aproveitando-se da situação gerada pela desintegração da União Soviética, Nazarbaiev assumiu a presidência do Casaquistão e vem se mantendo no poder por meio de eleições fraudulentas.

Calando todo tipo de oposição, Nazarbaiev conseguiu que o Parlamento do país aprovasse uma lei que assegurava a ele e sua família não sofrer nenhum tipo de acusação no futuro.

Do ponto de vista social, são crescentes as desigualdades entre um pequeno número de líderes partidários e empresariais e o grosso da população. Essa crescente desigualdade, aliada à falta de estruturas verdadeiramente democráticas, tem estimulado a intranqüilidade política e aguçado o crescimento de movimentos islâmicos de cunho mais radical.

Parte 2

Subcontinente Indiano

O Subcontinente Indiano é uma massa de terra de dimensões continentais, situada no sul da Ásia e isolada do restante do continente por mar (leste, sul e oeste) e pela cadeia montanhosa do Himalaia (norte). Os países mais importantes em termos geopolíticos são a Índia (que ocupa grande parte do território macrorregional), o Paquistão, Bangladesh e o Sri Lanka, ilha situada no oceano Índico. Além disso, três microestados também integram a região: o Nepal, o Butão e as ilhas Maldivas.

Até meados do século XX, todo o Subcontinente Indiano integrava o Império colonial Britânico das Índias. Boa parte dos problemas que assolam a região na atualidade e geram apreensão na comunidade internacional tem suas origens no processo de descolonização, um projeto mal-acabado que acabou deixando seqüelas em várias frentes e criando nações marcadas pelo estigma da guerra.

O eixo central dos conflitos é a animosidade entre as populações hindu e muçulmana, que frustrou o projeto de criar no subcontinente um só país, levando à sua caótica partilha, em 1947. Junto com o nascimento da Índia, nação de maioria hindu, e do Paquistão, um país muçulmano, morreram os sonhos de que os dois povos pudessem dividir em paz um único lar nacional. À rivalidade indo-paquistanesa somam-se tensões internas em ambos os países, no Sri Lanka e, mais recentemente, no Nepal.

O estado de beligerância que rege a relação entre Índia e Paquistão tem sua maior expressão na disputa pelo controle da Caxemira, uma região geográfica bastante acidentada, de maioria muçulmana, encravada junto às cordilheiras do Himalaia e do Hindu Kush, na fronteira entre os dois países. Toda vez que os ânimos se exaltam na Caxemira e os vizinhos ameaçam entrar em guerra, a comunidade internacional suspende a respiração por uma razão nada desprezível: Índia e Paquistão são potências atômicas e protagonistas de uma corrida armamentista que ganhou contornos dramáticos no final da década de 1990, diante da série de explosões nucleares subterrâneas promovidas nos desertos do Rajastão (Índia) e do Baluquistão (Paquistão).

Os destinos políticos da região também ganham relevância mundial por outro motivo igualmente preocupante, a demografia. Com cerca de 1,1 bilhão de habitantes, a Índia está em via de se tornar o país mais populoso do mundo, superando a China. A virada deve ocorrer a qualquer momento nas próximas décadas, pois, de acordo com previsões do Fundo de População da Organização das Nações Unidas (ONU), em 2050 a China terá 1,4 bilhão de habitantes e a Índia, 1,6 bilhão. Isso sem falar nas populações nada desprezíveis do Paquistão e de Bangladesh, que deverão chegar a 305 milhões e 243 milhões, respectivamente, por volta da metade do século XXI.

Resumindo, por volta de 2050 o Subcontinente Indiano abrigará sozinho quase um quarto da população mundial, uma verdadeira bomba-relógio de efeito retardado quando se considera o nível de desenvolvimento no qual se encontram indianos, paquistaneses e bengaleses.

Deve-se lembrar que hoje, na Índia, no Paquistão e em Bengladesh, aproximadamente 700 milhões de pessoas vivem abaixo da linha de pobreza, ganhando menos de 1 dólar por dia. Outro indicador, o Índice de Desenvolvimento Humano (IDH), que mede a qualidade de vida em áreas cruciais (renda, escolaridade e saúde), também ilustra a condição social precária do Subcontinente Indiano. No *ranking* do IDH, esses três países estão à frente, basicamente, de nações paupérrimas e dilaceradas por conflitos no continente africano.

Não é exagero afirmar que a falta de capital humano vem comprometendo seriamente o desempenho econômico desses países. Um exemplo simbólico é a Índia, que vem há alguns anos comemorando um *boom* econômico movido pelo setor de alta tecnologia e de serviços. Especialistas de renome, no entanto, olham com desconfiança para o atual "milagre" indiano, por seu alcance restrito. Apenas o crescimento da indústria e da agricultura, afirmam eles, seria capaz de alçar milhões de indianos da extrema pobreza para uma vida digna.

Em vez de priorizar a oferta de alimento, moradia, educação e saúde às suas populações, esses governos, sobretudo o paquistanês, gastam uma parcela considerável de seu orçamento com defesa. Cenas como as que se seguiram às explosões nucleares no Paquistão, em que uma horda de miseráveis festejou nas ruas o grande feito, evidenciam as perigosas demonstrações do crescente júbilo nacional no Subcontinente Indiano.

4. Os grandes domínios da natureza

Existem genericamente no Subcontinente Indiano três grandes ecossistemas, definidos pela compartimentação das principais unidades de relevo. O primeiro deles é o majestoso conjunto montanhoso correspondente à cordilheira do Himalaia, que isola o subcontinente do resto da Ásia. As altas cadeias dessa cordilheira abrangem áreas da Índia, do Paquistão, do Nepal e do Butão. Na vertente sul do Himalaia, portanto em território indiano, as montanhas erguem-se de forma abrupta a partir da planície do Ganges até atingir picos que podem ultrapassar 8 mil metros. Para se ter uma idéia da incrível oscilação do relevo nessa região, num raio de apenas 150 quilômetros a altitude salta de 100/200 metros para 7 mil metros ou mais. A disposição desse arco montanhoso interfere grandemente na variação das temperaturas e na distribuição das chuvas em todo o subcontinente.

O segundo ecossistema é uma extensa planície localizada imediatamente ao sul do Himalaia. Conhecida como planície Indo-Gangética, abrange territórios da Índia, do Paquistão e de Bangladesh. Ela é drenada, em sua maior parte, pelo rio Ganges e, em menor escala, por afluentes do rio Indo. É nessa área fértil e plana (as altitudes dificilmente ultrapassam 200 metros) que se concentra o essencial das atividades agropecuárias dos três países. Como é de esperar, a região também é densamente povoada, com exceção da faixa ocidental, bem mais árida e inóspita.

Por fim, o centro-sul do subcontinente (também conhecido por península do Indostão ou do Decã) é ocupado por um escudo geologicamente antigo, o planalto do Decã. Essa é uma área de domínio de rochas cristalinas bastante erodidas, cujos pontos mais elevados não ultrapassam 3 mil metros. De forma geral, o solo é pobre para o uso agrícola e sem maiores atrativos, excetuando-se a ocorrência de alguns minerais como ferro e manganês. A ilha onde se situa o Sri Lanka é uma espécie de continuidade do planalto do Decão.

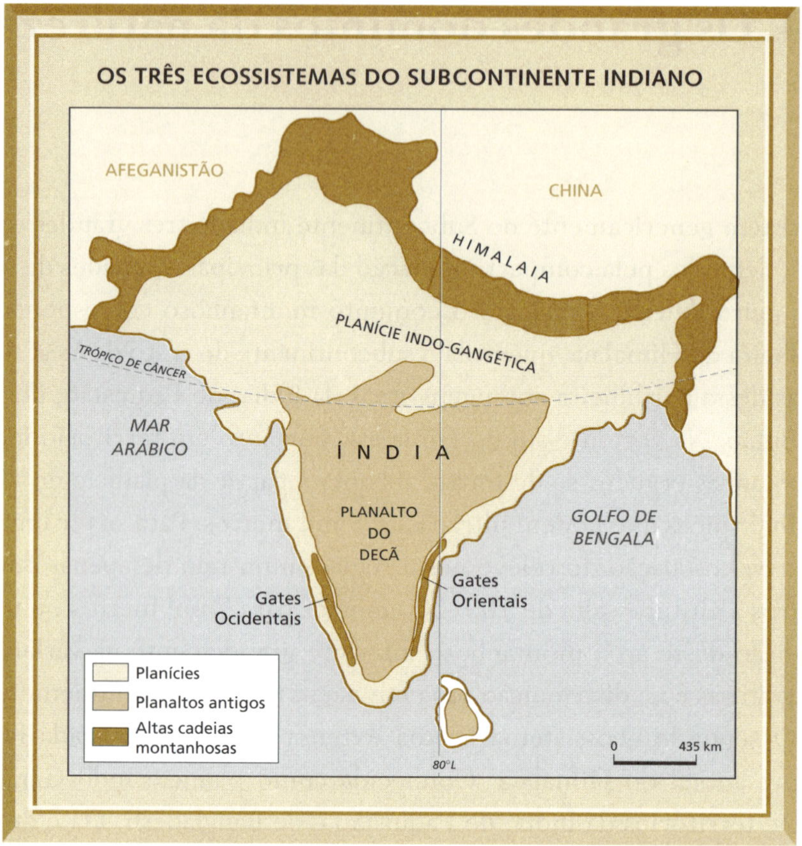

As variações climáticas em toda a área do Subcontinente Indiano resultam de sua posição latitudinal, da disposição do relevo e da dinâmica atmosférica regida pelo fenômeno das monções. Como parte considerável do território está localizada ao sul do trópico de Câncer, essa área apresenta temperaturas bastante elevadas ao longo do ano. Ao norte do trópico, as temperaturas tendem a diminuir por causa das maiores latitude e altitude.

Ganges: corpo e alma dos indianos

O Ganges é o maior rio da Índia e a principal fonte de água para milhões de pessoas. Considerando-se ainda o seu valor espiritual – trata-se do rio sagrado do hinduísmo —, estamos diante de um curso fluvial mais do que estratégico para o país.

Com nascentes no Himalaia, o Ganges corre quase integralmente no território da Índia e deságua cerca de 2,5 mil quilômetros depois, no golfo de Bengala. Algumas dezenas de quilômetros antes de sua foz, suas águas juntam-se às do rio Brahmaputra, formando um imenso delta. Grande parte desse delta estende-se pelo território de Bangladesh.

Em seu alto vale, a derrubada indiscriminada de matas no Nepal tem agravado o assoreamento, tanto na porção do rio que corre na Índia como na parte que drena áreas de Bangladesh. O médio vale do rio sempre foi o principal eixo de penetração no norte da Índia. Foi por essa área que vieram os muçulmanos e, mais tarde, os colonialistas britânicos. Atualmente, cerca de metade da população indiana vive no vale do Ganges. Ali estão três dos quatro estados mais populosos do país, e também mais da metade dos 100 milhões de muçulmanos que habitam a Índia. O baixo vale do rio drena parcelas consideráveis de Bangladesh.

As diversidades encontradas ao longo do vale são inúmeras, especialmente em território indiano. É um mundo tradicionalmente rural, mas que possui em contrapartida enormes cidades. Aí coexistem e se justapõem locais sagrados de hindus e muçulmanos, como Ayodhya, onde, em 1992, fundamentalistas hindus derrubaram uma mesquita sob a alegação de que ela havia sido construída sobre o local de nascimento do deus Brahma. Seguiram-se choques entre as duas comunidades e atentados em grandes cidades da Índia, promovidos por muçulmanos sob a coordenação do Paquistão — de acordo com autoridades indianas.

Junto ao vale do Ganges está Varanasi, cidade que também merece atenção especial por sua importância religiosa. Ela atrai peregrinos de todos os cantos da Índia para os grandiosos rituais de purificação que ocorrem às margens do rio. Alimento espiritual em vida, as águas do Ganges também seriam um passaporte para os céus e para uma vida melhor na próxima encarnação. Por isso, o sonho de todo hindu é morrer bem pertinho do Ganges para ter suas cinzas jogadas no rio. Daí o fato de Varanasi ser mesmo conhecida por seu crematório e pelas cenas cotidianas de corpos queimando ou boiando no Ganges ao lado de pessoas meditando, cantando, tomando banho ou até mesmo cozinhando e lavando roupa.

Desastres naturais

Ano após ano durante o verão fortes chuvas e temporais atingem a zona intertropical do Subcontinente Indiano, trazendo sorte ou desgraça para milhões de pessoas. É o chamado período das monções de verão — ventos periódicos que sopram do mar para o continente em duas direções. Uma, proveniente do mar Arábico, ao encontrar as elevações dos Gates Ocidentais, provoca intensas precipitações. Outra, originária do golfo de Bengala, provoca violentos temporais na porção leste da região.

As chuvas trazidas pelas monções de verão são cruciais para a economia de milhões de camponeses que dependem delas para desenvolver seus cultivos. No entanto, o volume de água varia bastante a cada ano e apenas raramente se aproxima do ideal. Com freqüência, as chuvas deixam a desejar ou acabam provocando inundações com conseqüências dramáticas para as populações locais.

Bangladesh, por exemplo, é periodicamente assolado por chuvas de uma intensidade diluviana (alguns dos pontos mais chuvosos do mundo situam-se no território de Bangladesh ou em regiões próximas), que, aliadas às condições topográficas e hidrográficas dominantes no país, causam enormes tragédias. As vítimas são às vezes contadas às centenas de milhares. Em 1998, por exemplo, cerca de metade do território do país ficou submersa.

Adaptado do *Atlas da Água*, p. 71. Publifolha, São Paulo, 2005.

A essas inundações juntam-se com freqüência os ciclones tropicais originários do golfo de Bengala, que trazem, além das chuvas intensas, ventos cuja velocidade pode alcançar 250 km/h e que por sua vez "empurram" as águas do mar para dentro do continente. As populações que vivem no limite entre os deltas dos rios e o mar acabam sendo virtualmente dizimadas. Em 1991, um desses ciclones atingiu Bangladesh e ceifou a vida de mais de 300 mil pessoas.

5. Índia: radiografia de uma nação

A Índia ocupa a maior parte da região do sul da Ásia chamada de Subcontinente Indiano. À medida que passam os anos, esse país de dimensões continentais só ganha influência no cenário global. Como é possível ignorar uma nação que já superou a marca de 1 bilhão de habitantes para se tornar, dentro de algumas décadas, a mais populosa do mundo? Além de numerosos, os indianos são incrivelmente diferentes. Centenas de milhares de hinduístas partilham o território com o maior contingente de muçulmanos do mundo e com minorias sikhs e cristãs.

Não bastassem as desavenças entre comunidades religiosas, que alimentam conflitos separatistas e pendências territoriais com o vizinho Paquistão, a própria maioria hindu está fragmentada num milenar e rígido sistema de castas. Mas todos os indianos, sem distinção de raça, credo ou cor, têm seu lugar garantido pela Constituição deste Estado laico e pluralista nascido com a independência, cujo modelo político-institucional faz da Índia a maior democracia do mundo e contribui, de forma quase que milagrosa, para a manutenção da unidade territorial ante as incontáveis forças desagregadoras.

Para tornar a realidade mais complexa, uma espécie de fronteira socioeconômica hoje corta o país praticamente ao meio. Enquanto o centro-sul se desenvolve a passos largos sob o comando dos dinâmicos setores de telecomunicações e de tecnologia da informação, o norte, com exceção de algumas regiões, permanece pobre e atrasado. Com taxas de expansão do Produto Interno Bruto (PIB) próximas de 6% nos últimos anos, a Índia é hoje uma das estrelas da economia globalizada.

No entanto, a maior parte dos habitantes sobrevive à margem da modernização, em condições precárias de saúde, educação, moradia e trabalho. Segundo os cálculos do Banco Mundial, a Índia reúne nada menos do que um terço de todos os pobres do mundo — são quase 400 milhões de pessoas ganhando menos de 1 dólar por dia. O maior desafio do Estado, portanto, é criar políticas públicas (sociais e econômicas) que incluam o grosso da população no processo de desenvolvimento. Caso contrário, a Índia corre o risco de se destacar ao longo do século XXI não como potência exportadora de cérebros e bens de altíssima tecnologia, mas como uma máquina de produção em massa de miseráveis.

Um grande mosaico humano

A Índia atingiu a marca de 1 bilhão de habitantes em algum momento entre agosto e outubro de 1999. Mais populosa do que a Índia só mesmo a China, com 1,3 bilhão. As projeções da ONU indicam que, por volta de 2050, a Índia deverá atingir 1,6 bilhão de habitantes, contra 1,4 bilhão da China, cujo ritmo de crescimento vegetativo é bem menor há algumas décadas — vale lembrar que o aspecto demográfico tem um papel importante nas relações internacionais.

Gigante demográfico, a Índia também é um complexo mosaico étnico, religioso e lingüístico. Povos de origem ariana e pele clara habitam a porção

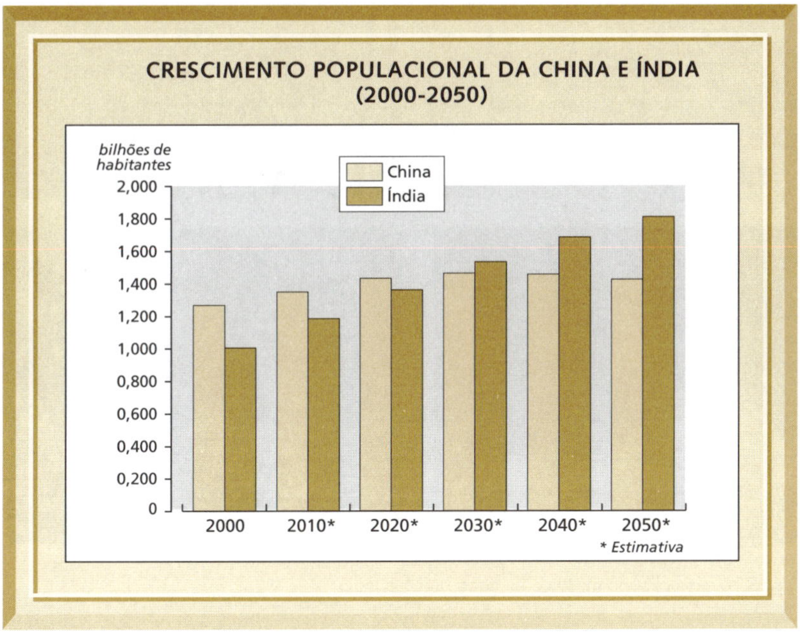

Fonte: Organização das Nações Unidas (ONU).

© KARAN KAPOOR/ GETTY IMAGES

© STEPHEN WILKES/ GETTY IMAGES

© GIANNI IORIO/GRAND TOUR/CORBIS/ LATINSTOCK

© BLAINE HARRINGTON III , 23.OCT

© PETER ADAMS/ GETTY IMAGES

Os vários exemplos do mosaico humano que é a Índia.

norte; no sul predominam os dravidianos de pele escura; o Himalaia é o domínio de grupos étnicos centro-asiáticos. Quanto ao aspecto religioso, a comunidade de maior expressão é a hindu, que perfaz três quartos da população e coexiste com quase 150 milhões de muçulmanos. Mesmo sendo uma minoria, pouco mais de 10% do efetivo total, o número absoluto de seguidores do islamismo na Índia só é superado pelo apresentado pela Indonésia e pelo Paquistão, países onde eles perfazem cerca de 90% da população total. Há ainda importantes minorias sikhs, budistas e cristãs.

Os hindus estão divididos num sistema de castas que não encontra paralelo no mundo. São cerca de 3 mil castas e 25 mil subcastas, criadas com base em critérios de pureza espiritual. No topo da hierarquia estão os brâmanes (sacerdotes, homens de rito e de saber, considerados puros) e no extremo oposto estão os párias, considerados impuros e por isso não pertencentes a nenhuma casta. Banido da Constituição, o sistema de castas vem perdendo importância nas áreas urbanas, mas ainda organiza o tecido social no meio rural, onde vivem cerca de 70% da população.

A composição lingüística só vem realçar ainda mais as diversidades. Existem na Índia cerca de 1,6 mil línguas e dialetos, mas apenas quinze são oficiais. Com exceção do *cachemiri*, do *sindi* e do *sanskrit*, oficiais por motivos culturais e políticos, o critério que determina os demais idiomas oficiais é o número de falantes. O *hindi* é a língua hegemônica, usada por cerca de 40% dos habitantes. As demais línguas oficiais reúnem entre 10 milhões e 55 milhões de falantes cada uma. Já o inglês, introduzido durante o período colonial, é usado pelas camadas mais cultas e educadas da população.

A pluralidade da Índia é resultado de uma história milenar, marcada por múltiplas influências. As origens da civilização indiana remontam a 2500 a.C., junto ao médio e alto vale do rio Indo. A partir de 1500 a.C., chegaram as primeiras ondas de povos arianos, que, posteriormente, estenderam seus domínios por todo o vale do Ganges. Os Vedas, textos sagrados da religião hindu, foram escritos nessa época.

No século V a.C., foram assentadas as bases da religião budista, ao mesmo tempo que começavam a surgir as primeiras estruturas administrativas estatais. Em 319 d.C., foi fundado o Império Gupta, que durante mais de dois séculos dominou a maior parte do subcontinente, mas desapareceu com a invasão dos hunos.

A presença islâmica ganhou ímpeto no norte da Índia, no final do primeiro milênio. Em 1192 se consolidou, e, em menos de 25 anos, todo o vale do Ganges foi submetido ao domínio muçulmano. O ponto alto de poder e esplendor ocorreu durante a dinastia Mongol (1526-1707). Quando o império se desintegrou, surgiram pequenos estados que sobreviveram até a chegada dos europeus.

O domínio europeu remonta a 1498, quando Vasco da Gama aportou na costa sudeste do país. No século XVII, entrou em cena a Companhia Inglesa das Índias Orientais, que, depois de derrotar as suas congêneres holandesa e francesa, estabeleceu o poder britânico sobre a Índia. Em 1857, após uma revolta de tropas indianas que serviam aos britânicos, a União Indiana foi subordinada diretamente ao Império Britânico.

A maior democracia do mundo

A Índia conquistou a independência do Império Britânico em 1947, após longa campanha nacionalista do Partido do Congresso, organização política formada por uma elite educada no exterior e liderada pela autoridade carismática de Mohandras Gandhi ou *mahatma*, "pai da nação". O grande projeto de Gandhi, que norteou o movimento pela independência, era aglutinar toda a população do Subcontinente Indiano, independentemente de casta, classe social, etnia ou religião, numa única nação.

Mas os acontecimentos seguiram direções opostas, e os conflitos entre muçulmanos e hindus acabaram levando à partilha dessa colônia em dois Estados: o Paquistão, país que nasceu para oferecer um lar nacional para os muçulmanos da região, e a Índia, país de maioria hindu, cujas lideranças, porém, se mantiveram fiéis à criação de um Estado laico e pluralista. Entre os deveres do governo, destacado na Constituição, está o de "promover a harmonia e o espírito de fraternidade no seio de todo o povo indiano e transcender as diversidades religiosas, lingüísticas e regionais".

A Índia converteu-se então na maior democracia parlamentar do mundo. Desde a independência até a década 1990 sua política interna ficou marcada pelo poder exercido quase sem interrupção pelo Partido do Congresso, liderado pelas famílias Nehru e Gandhi. Seus governantes enfrentaram, alguns com a perda da própria vida — como foi o caso da primeira-ministra Indira Gandhi e de seu filho Rajiv —, o desafio de governar um país superpovoado, com enormes diferenças sociais, religiosas, étnicas e lingüísticas.

Durante a última década do século XX, o Partido do Congresso foi "destronado" pelo Barathyia Janata Party (BJP), agremiação política hinduísta de caráter marcadamente nacionalista. O crescimento desse partido expressou a popularidade de um novo ideal de nação — que associa a Índia ao hinduísmo. Até certo ponto, o BJP é uma ameaça à tradicional cultura hinduísta, caracterizada pela tolerância étnica, religiosa e política.

Todavia, nem o BJP nem a oposição se deram conta de que talvez a maior ameaça à estabilidade da Índia seja o tamanho e as condições de

Pobres se aquecem do frio em Nova Délhi. Apesar do avanço econômico recente, a pobreza crônica é ainda a marca registrada da Índia.

vida de sua população. De acordo com as estatísticas, quase 40% dos indianos ainda são analfabetos, a desnutrição atinge metade das crianças, e um terço das famílias vive na mais extrema pobreza. Se essa massa de miseráveis continuar aumentando, ela poderá se tornar uma espécie de bomba demográfica.

Para o governo, trata-se de uma questão de prioridades. Mesmo com tanta carência no plano social, o país gasta mais de 2,5% de seu PIB em equipamentos militares. Só para comparar, apenas cerca de 1% da riqueza nacional é aplicada em educação e saúde. Assim, paradoxalmente, o arsenal nuclear da Índia protege a maior concentração de pobres do planeta.

Estrutura política interna

A Índia exibe ampla diversidade religiosa, uma multiplicidade de línguas e dialetos e contrastes paisagísticos extremos. É quase um milagre que um país com características tão díspares tenha conseguido conservar sua integridade territorial, apesar das inúmeras ameaças internas e externas.

Um dos fatores que contribui para a manutenção da unidade é a organização federal. Seus 28 estados e sete territórios gozam de estatutos políticos distintos. A estrutura geopolítica interna assenta-se sobre uma complexa divisão de direitos e obrigações entre o governo federal e essas 35 unidades territoriais.

Os assuntos da alçada do governo central incluem a política externa, a defesa, as comunicações, os transportes e o comércio nacional. Os estados, por sua vez, exercitam seus direitos soberanos nos assuntos de ordem pública, agricultura e saúde. A planificação econômica, a política demográfica, a educação e a produção de energia fazem parte de uma lista de competências compartilhadas entre o governo federal e os estados. A intrincada engenharia política federal tem ensejado reivindicações de autonomia regional e contestações dos limites geográficos de estados e territórios.

Unidade ameaçada

Não tem sido fácil para as autoridades indianas assegurar a integridade territorial da Índia. Desde a independência, o país tem deparado com movimentos separatistas de minorias étnico-religiosas. É o caso dos sikhs do estado do Punjab; dos assameses do estado de Assam; e principalmente dos muçulmanos do estado de Jammu-Caxemira. São esses os "pontos quentes" da Índia contemporânea, todos estados fronteiriços, localizados em áreas de interseção das diferentes culturas que formam o subcontinente. No plano externo, a unidade territorial da Índia é ameaçada por disputas fronteiriças com o Paquistão e a China nas montanhas e altos platôs do Himalaia.

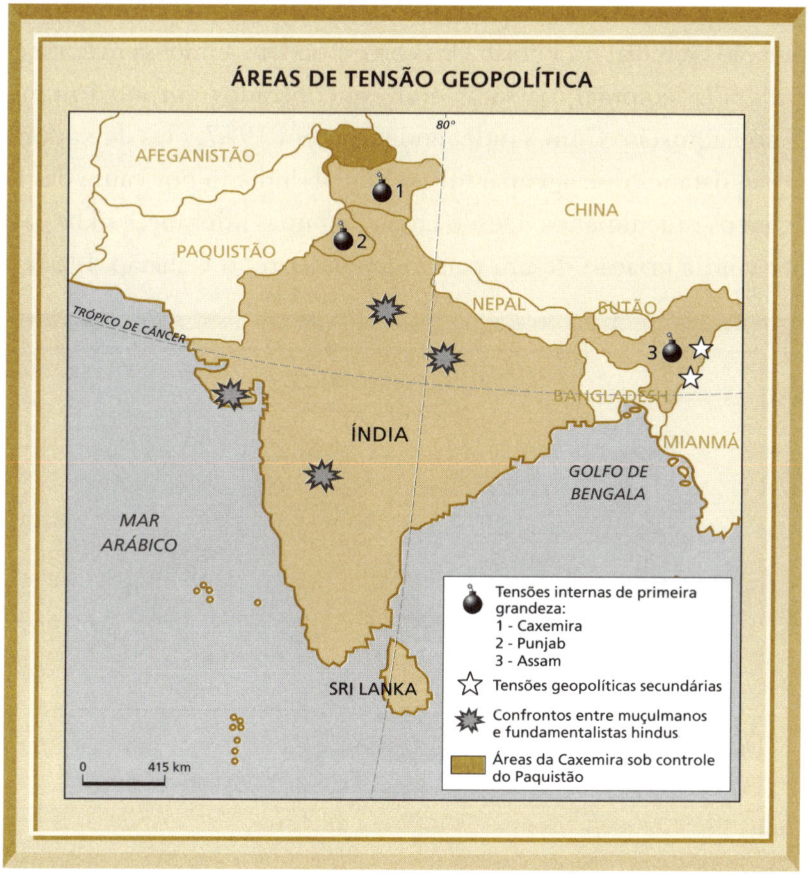

Apesar das ameaças à sua integridade territorial, a Índia tem o ambicioso plano de se firmar como grande potência do oceano Índico no século XXI. O país investe em sua marinha para projetar uma espécie de "ordem indiana" para além de suas tradicionais áreas de influência (Sri Lanka e ilhas Maldivas). A estratégia leva em conta a presença de uma numerosa diáspora indiana em vários países da orla do Índico. Do ponto de vista geopolítico, o poderio marítimo da Índia serviria como contraponto às ameaças continentais representadas pela China e pelo Paquistão.

O separatismo no Punjab

Localizado no noroeste da Índia, o estado do Punjab foi palco, na década de 1980, de um movimento separatista liderado pelos sikhs. Embora sejam 2% da população da Índia, no Punjab eles correspondem à imensa maioria (90%).

Na época colonial, os sikhs eram encontrados em igual número na Índia e no Paquistão. Com a independência, em 1947, eles deixaram o território paquistanês e se agruparam no Punjab indiano por causa das hostilidades com os muçulmanos. Desde então, algumas lideranças sikhs passaram a sonhar com a criação de um país independente, o Calistão. Elas estavam

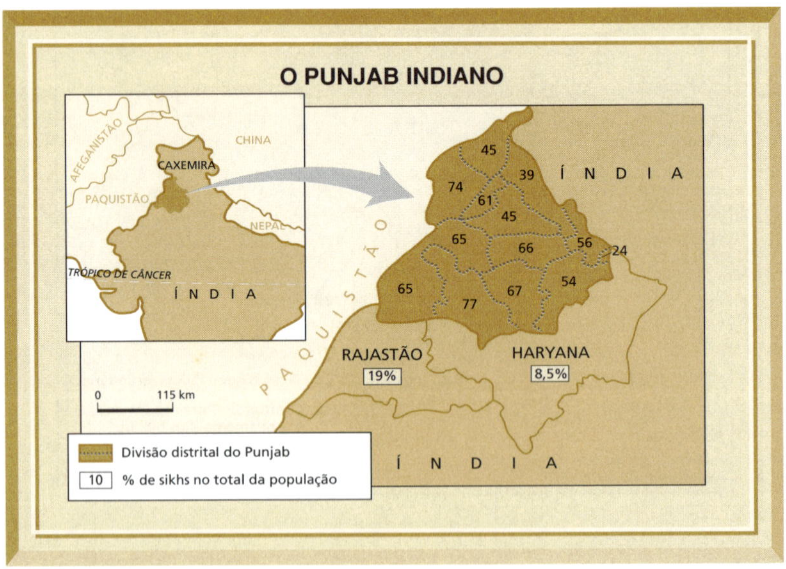

insatisfeitas com o crescente desemprego e o aumento da competição com os hindus. Também não faltavam críticas ao poder central, acusado de privar o Punjab de indústrias pesadas, de prejudicar o estado na partilha das águas dos afluentes do rio Indo, essenciais à agricultura, e de manter a cidade de Chandigarh sob um estatuto ambíguo de território da União e de capital dupla, tanto do Punjab como de outro estado hindu (Haryana).

O movimento separatista cresceu com a promoção de atentados terroristas pelo país e atingiu o auge em 1984, quando tropas do governo federal invadiram o principal santuário sikh, o Templo Dourado de Amritsar, matando cerca de 450 pessoas. Em resposta, meses depois, grupos terroristas sikhs assassinaram a primeira-ministra Indira Gandhi. A violência diminuiu no final da década de 1980, mas os ideais de independência jamais foram abandonados. A impressão geral é de que a revolta sikh, em estado latente, poderá causar a qualquer momento novas ondas de violência.

Tensões no nordeste da Índia

O nordeste da Índia é um verdadeiro caldeirão de etnias e culturas, sendo por isso chamado de "Índia em miniatura". Com quase 40 milhões de habitantes, abriga grupos com traços tipicamente "himalaianos", como o tibetano e o nepalês, grupos marcadamente hindus, como o hindi e o bengali, além de aproximadamente trezentos grupos tribais muito diferenciados quanto à origem étnica, identidade lingüística e religião.

Do ângulo religioso, as populações presentes na região professam o budismo, o hinduísmo, o islamismo e o cristianismo, existindo ainda grupos animistas. Essa enorme diversidade humana e cultural é resultado de uma evolução histórica marcada por invasões, assimilações e migrações. Nas últimas décadas, sucessivas ondas migratórias, oriundas especialmente de Bangladesh, tornaram as relações das populações regionais ainda mais complexas. Esse contexto tornou a convivência entre os povos bastante delicada, e periodicamente as rivalidades têm degenerado em conflitos.

A região do nordeste da Índia é conhecida genericamente pelo nome de Assam, mas na verdade é formada por sete estados da União (Assam,

Manipur, Megalaia, Mizoran, Nagaland, Tripura e Arunachal Pradesh), conectados ao restante do território nacional por um estreito corredor de apenas 32 quilômetros.

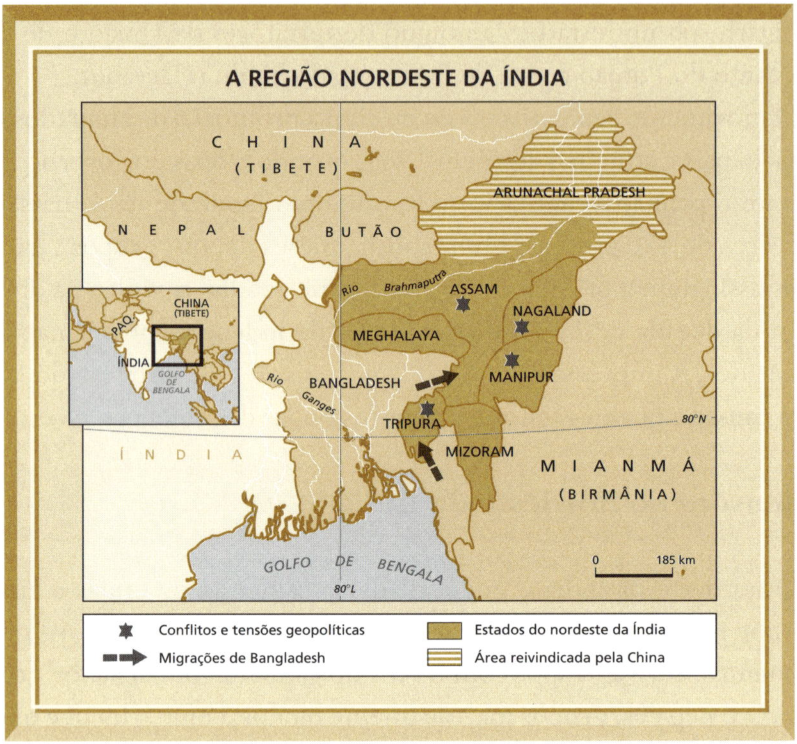

Do ponto de vista natural, a região apresenta três áreas bem distintas: ao norte, os contrafortes do conjunto himalaiano; a leste, as cadeias montanhosas indo-birmanesas; e o restante do território compreende o médio vale do rio Brahmaputra, o mais importante afluente do Ganges. Esta última área é o eixo vital de toda a região e foi ao longo do tempo o corredor de penetração do mundo indiano em direção ao sudeste da Ásia. Junto ao vale desse importante curso fluvial são encontrados os maiores adensamentos populacionais da região. É onde também se concentram as principais terras férteis de toda a área.

Ao longo do século XX, a região nordeste da Índia teve um crescimento demográfico cerca de três vezes superior às médias registradas no restante do país. Esse expressivo incremento demográfico ocorreu pela combinação de dois fenômenos: o galopante incremento natural da população e o expressivo fluxo de imigrantes que para lá se dirigiu. Antes da independência, os britânicos já haviam estimulado a ida de populações da Índia central e do atual Bangladesh para servir de mão-de-obra nas plantações de chá que ali se desenvolviam.

Após a independência, outras levas migratórias ocorreram gerando uma intensa ocupação humana no médio curso do Brahmaputra. Para se ter uma idéia, a densidade demográfica dessa região é de cerca de 800 hab./km^2, enquanto no resto do nordeste da Índia as densidades são de aproximadamente 300 hab./km^2. Além disso, o conflito que resultou na independência de Bangladesh (1971), teve como conseqüência a migração de centenas de milhares de bengalis que ali buscaram refúgio.

Desde então, o impacto causado por esse fluxo descontrolado de bengalis para a região vem desestabilizando os frágeis equilíbrios étnicos, lingüísticos e religiosos. O fato de a maioria dos imigrantes bengalis ser muçulmana tem aguçado ainda mais as tensões étnico-religiosas.

Os conflitos na região envolvem especialmente aquelas etnias que se sentem ameaçadas de desaparecer ou de ser assimiladas por outras. O cenário de violência na região articula-se em torno de uma dezena de conflitos de intensidade e periodicidade variáveis, que fizeram mais de 10 mil vítimas nas duas últimas décadas, mas que não mereceram destaque na mídia internacional.

Conflito no topo do mundo

A Caxemira, região encravada na cordilheira do Himalaia, é atualmente o ponto mais explosivo do sul da Ásia. Desde 1947 a região histórico-geográfica da Caxemira é alvo de disputas entre Índia, Paquistão e China, que controlam atualmente partes do território. No final da década de 1980, a eclosão de movimentos separatistas na "Caxemira indiana" agravou as tensões na região.

Do ponto de vista geopolítico, podem-se reconhecer três "Caxemiras": a indiana, a paquistanesa e a chinesa.

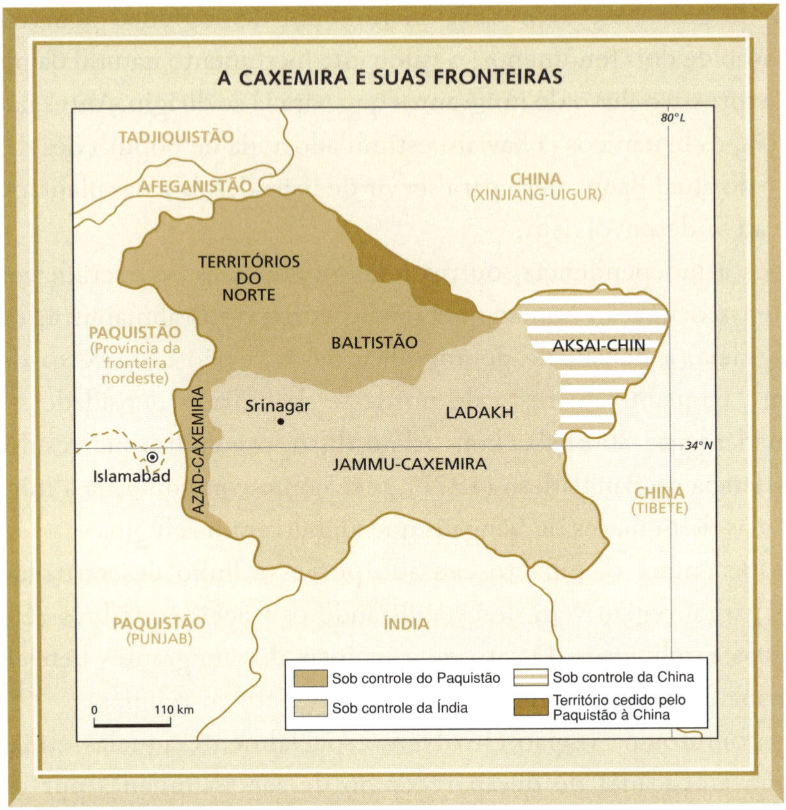

Fonte: Lacoste, J. (Dir.). *Dictionnaire geopolitique des États*. Paris, Flammarion, 1995, p.349.

A chamada "Caxemira indiana" tem pouco mais de 100 mil km^2 e corresponde ao estado de Jammu-Caxemira que por sua vez se divide em três áreas distintas. A primeira é o vale do rio Jhelum, núcleo histórico da Caxemira, onde fica Srinagar, capital e principal cidade. É habitada por 3 milhões de pessoas, a maioria muçulmana de rito sunita (90%). A segunda é a região de Jammu, situada ao sul, nos contrafortes do Himalaia. É habitada por quase 3 milhões de pessoas, das quais cerca de dois terços professam o hinduísmo. A terceira é Ladakh, uma região muito acidentada e fracamente povoada. Seus cerca de 150 mil habitantes são de cultura tibetana e professam o budismo. Ali também vive uma significativa minoria muçulmana.

A "Caxemira paquistanesa" possui quase 80 mil km^2 e compreende duas regiões distintas. A primeira é a área dos Territórios do Norte (Gilgit e Baltistão), administrada diretamente pelo governo federal. Ali vivem cerca de 600 mil pes-

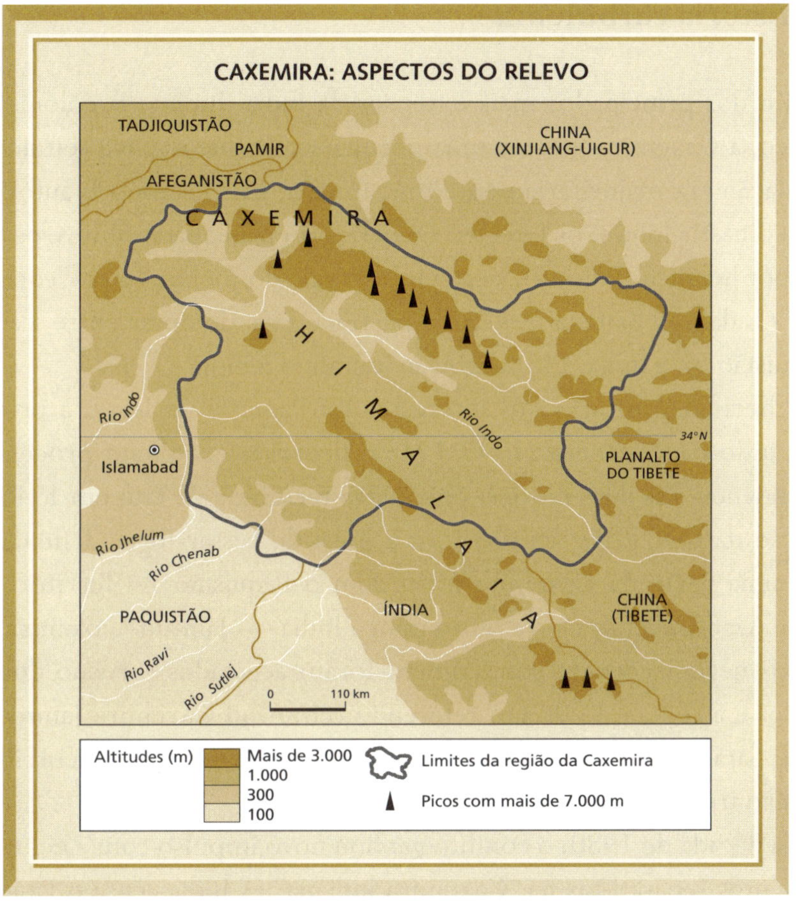

Fonte: Lacoste, J. (Dir.). *Dictionnaire geopolitique des États*. Paris, Flammarion, 1995, p.348.

soas, a maioria muçulmana de rito xiita. A segunda é Azad Caxemira (Caxemira Livre), com quase 3 milhões de pessoas, a maior parte muçulmana xiita. Sua condição político-administrativa é peculiar: como dispõe de Constituição, Parlamento e primeiro-ministro, beneficia-se de autonomia relativa em relação ao poder central, exceto em questões ligadas a defesa, relações exteriores e finanças.

Por fim, a "Caxemira chinesa" tem pouco mais de 40 mil km^2 e apenas alguns milhares de habitantes. Corresponde a uma estreita faixa leste dos Territórios do Norte, à área conhecida como Aksai-chin, uma zona historicamente marcada pela influência tibetana, por estar conectada à região autônoma chinesa do Tibete.

História turbulenta

Um dos principados mais extensos da Índia durante o colonialismo britânico, a Caxemira possuía uma peculiaridade que explica seu destino: a população era majoritariamente muçulmana, mas estava sob autoridade de uma dinastia hindu, os Drogas. O marajá do principado obteve os territórios por herança (Jammu), por compra (vale do Jhelum) e por conquista militar (Ladakh e Baltistão). Com a partilha, teve de optar entre a adesão ao Paquistão ou à Índia. Ele acabou se juntando à Índia.

A decisão contrariou os interesses do Paquistão e levou à primeira guerra indo-paquistanesa (1947-1948), ocorrida em pleno processo de independência das duas nações. O conflito terminou de fato em 1949, sob mediação da ONU. De acordo com a linha de cessar-fogo, definida pela ONU, uma parte da Caxemira ficou com o Paquistão — Territórios do Norte e Azad Caxemira — e outra com a Índia — Jammu-Caxemira.

Nas negociações de paz também foram acertados o recuo dos dois exércitos e a realização de um referendo (em Azad Caxemira Jammu-Caxemira) para decidir o *status* da Caxemira. Uma nova disputa, ocorrida em 1965, não trouxe modificações territoriais.

Na década de 1980, o conflito ganhou novo impulso com a eclosão de movimentos separatistas na "Caxemira indiana". A Índia acusa o Paquistão de apoiar os separatistas de Jammu, fornecendo-lhes armamentos e bases de treinamento. Mas apenas uma minoria deles luta pela anexação ao Paquistão. O principal movimento é partidário da independência.

Apesar das conversações bilaterais, nenhum dos lados admite ceder territórios, o que torna a situação praticamente insolúvel. Seguindo a determinação da ONU, o Paquistão exige a realização de um referendo na "Caxemira indiana", mas a Índia não aceita.

O conflito serve de pretexto para a intensa militarização da linha de cessar-fogo, onde escaramuças ocorrem com freqüência. Periodicamente, os dois países chegam à beira da guerra total, o que preocupa a comunidade internacional, porque tanto a Índia como o Paquistão possuem armas nucleares.

Nacionalismos em choque

Os embates centrais na Caxemira opõem, portanto, Índia e Paquistão. Para Islamabad, a "Caxemira indiana" é um território paquistanês e, para Nova Délhi, a "Caxemira paquistanesa" é indiana. Ao lado da disputa territorial, o que está em jogo é o conflito entre os dois conceitos de nação surgidos com a traumática partilha de 1947.

Na visão do Paquistão, a "Caxemira indiana" é a parte muçulmana do subcontinente que ainda falta se unir ao Paquistão, um Estado criado com o objetivo de aglutinar os seguidores do islamismo no Subcontinente Indiano. Por essa razão, o país não reivindica senão a parte da "Caxemira indiana" que possui maioria muçulmana — o vale do rio Jhelum.

Ao lado do discurso oficial, atrelado à questão religiosa, também pesam interesses estratégicos. Se o Paquistão dominasse a "Caxemira indiana", abriria um novo acesso à China, tradicional aliada, e teria sob seu controle parte considerável das bacias de grandes rios que atravessam seu território, inclusive todo o médio vale do rio Indo.

Na visão da Índia, o controle sobre a Caxemira, uma região de maioria muçulmana, é a prova de que todas as minorias têm seu lugar garantido no Estado laico e pluralista nascido com a independência. A concepção indiana também leva em conta fatores históricos, já que Nova Délhi entende como Caxemira todo o principado que pertencia ao marajá hindu durante o colonialismo britânico. Por isso, o país reivindica a totalidade do território caxemir, inclusive as partes controladas pelo Paquistão e pela China.

A Índia também se apóia num discurso que valoriza a natureza pluriconfessional da Caxemira. Embora a maioria da população seja muçulmana, antes da expansão islâmica a Caxemira era um importante lugar para o hinduísmo e para o budismo. Esse rico passado pré-islâmico não desapareceu totalmente, como atesta mais de 1,5 milhão de não-muçulmanos vivendo na região. Assim, a Caxemira caracteriza-se por uma heterogeneidade lingüística, cultural e étnica.

6. Sri Lanka: conflitos no paraíso

O Sri Lanka é uma ilha, um verdadeiro paraíso tropical situado no oceano Índico e separado da Índia pelo estratégico estreito de Palk, de apenas 29 quilômetros. Por ali passam navios cujas rotas conectam Europa e Oriente Médio ao sul, sudeste e leste do continente asiático. Durante a colonização britânica (1833 a 1948), o Sri Lanka ficou conhecido mundialmente por suas plantações de chá de altíssima qualidade, borracha, coco e café, que até hoje comandam a economia. Sua história independente, porém, é manchada de sangue pelo violento conflito iniciado em 1983, envolvendo a maioria cingalesa e a minoria tâmil. A tensão étnica já matou cerca de 60 mil pessoas nas últimas décadas, comprometendo as exportações e a promissora indústria do turismo. Para piorar a situação, em apenas um dia, no final de 2004, uma onda gigante, o *tsunami*, varreu parte considerável da costa leste cingalesa, deixando mais de 30 mil mortos e um rastro de destruição sem paralelo na história.

Tensão étnica

Os protagonistas do conflito nessa ilha do Índico são os cingaleses e os tâmeis. Os cingaleses (75% da população) chegaram à ilha por volta do século VI a.C. Sua identidade repousa sobre a língua (o cingalês) e a religião budista, embora uma pequena parcela tenha se convertido ao cristianismo. A maior parte dos cingaleses vive nas porções central e meridional da ilha. Já os tâmeis (cerca de 20% da população) são naturais da península do Decão e migraram para o Sri Lanka entre os séculos I d.C e XI d.C. Ali, representam apenas uma pequena parcela da comunidade tâmil, já que a grande maioria vive sobretudo no estado de Tamil Nadu, na Índia. Eles falam uma língua dravidiana (o tâmil) e seguem o hinduísmo.

Fonte: Touscoz, Jean. *Atlas géostratégique; crises, tensions et convergences*, Paris, Larousse, 1988.

A minoria tâmil no Sri Lanka divide-se em dois grupos: os tâmeis que se instalaram no norte (região de Jaffna) há 2 mil anos e os chamados "tâmeis hindus", descendentes de trabalhadores trazidos no século XIX pelos britânicos para servir de mão-de-obra nas *plantations* do leste do país.

Discriminação e guerra

Colonizado pelos britânicos, o Sri Lanka conquistou a independência em 1948, sob o lema da igualdade de direitos para os dois povos do país, garantidos na Constituição. Na prática, porém, a minoria tâmil acabou discriminada na vida política, econômica e social pelos sucessivos governos cingaleses. Na raiz dessa política de exclusão está o ressentimento cingalês com o privilégio dado pelos britânicos à minoria tâmil durante o período colonial.

Por meio de maioria parlamentar, o grupo cingalês conseguiu privar os tâmeis de uma efetiva representatividade política. Milhares deles perderam a cidadania e o direito de participar em eleições. Em 1956, o cingalês tornou-se a única língua oficial, dificultando o acesso dos tâmeis à educação e aos empregos públicos. Com a política oficial nitidamente a favor dos cingaleses, os tâmeis ficaram privados dos meios de ascensão social e econômica.

O projeto nacionalista dos cingaleses desencadeou, a partir dos anos 1980, violenta reação dos tâmeis, reunidos na guerrilha Tigres da Libertação do Tâmil Ielam. Os guerrilheiros tâmeis vêm espalhando o terror na ilha, em nome da criação de um Estado independente no norte e no leste do território, o Tâmil Ielam, onde são maioria.

No final da década de 1980, objetivando manter a ordem nas áreas sob controle dos tâmeis, a Índia enviou uma fracassada missão de paz ao Sri Lanka. Mais de mil soldados morreram em choques com os guerrilheiros, levando o governo indiano a suspender a operação em 1990. O envolvimento da Índia no conflito também custou a vida do ex-primeiro-ministro do país, Rajiv Gandhi, assassinado num atentado promovido pelos tâmeis indianos durante o ano eleitoral de 1991.

As perspectivas de paz surgidas na década de 1990 esbarravam num obstáculo central. Enquanto o governo do Sri Lanka propunha a adoção de um sistema federativo que concederia maior autonomia às regiões tâmeis, parte do movimento rebelde insistia no plano de soberania total para o Tâmil Ielam. O impasse no conflito, aliado ao desgaste militar, levou os guerrilheiros a abandonar a reivindicação de independência, abrindo caminho para a assinatura de um acordo de cessar-fogo em 2002. Mas a violência voltou ao país em 2006, na esteira da posse de um governo cingalês linha-dura que promete rever o processo de paz, incluindo a questão da autonomia.

7. Paquistão, o "país dos puros"

Criado para atender aos interesses de milhões de muçulmanos por um lar nacional, o Paquistão nasceu em 1947 com o fim do domínio colonial britânico sobre o Subcontinente Indiano. Os choques entre hindus e muçulmanos, as duas grandes comunidades étnico-religiosas presentes na região, durante o trágico evento da descolonização assinalaram o início de uma era perigosa na região, marcada pela rivalidade com a vizinha Índia, nação de maioria hinduísta. Os dois vizinhos já travaram três guerras, duas delas pelo controle da fronteiriça região da Caxemira, e protagonizam a corrida armamentista que acabou por inseri-los na seleta lista de potências nucleares mundiais.

Na arena externa, em especial nos enfrentamentos com a Índia, o Paquistão projeta sua identidade islâmica e aspira ao posto de líder do mundo muçulmano. Internamente, porém, a sonhada união em torno do Islã, que tanto motivou os líderes da independência, é uma página virada na história nacional. Há razões de sobra para conflitos a começar pela incrível diversidade do universo islâmico paquistanês.

Por trás da macrodivisão entre sunitas (aproximadamente 80% da população) e xiitas (cerca de 20%), os habitantes do país se dispersam num grande número de facções. Se a relação entre elas sempre foi marcada por conflitos, nos últimos tempos a radicalização do discurso religioso, aliada à crescente influência de vertentes extremistas, deu origem a um ciclo novo e assustador de violência que chega a ameaçar a estabilidade do regime militar.

O extremismo religioso que toma conta do país também se alimenta das enormes desigualdades sociais e da proliferação da miséria. De acordo com índices que medem o nível de desenvolvimento dos países, o Paquistão está colocado entre as 50 nações mais pobres do mundo. Cerca de metade da população não sabe ler ou escrever, fato previsível para um país que investe cerca de apenas 2% do PIB na instrução de seus cidadãos.

Aproveitando-se da quase falência da educação nacional, as escolas religiosas (madrassas) rapidamente preencheram o vazio deixado pelo Estado. Se em 1947 existia no Paquistão uma centena dessas instituições, hoje elas despontam como a verdadeira marca registrada do país: atualmente mais de 10 mil madrassas oferecem aos pobres educação gratuita. Como cada uma das facções religiosas islâmicas possui sua própria rede de madrassas, o sistema de ensino tornou-se ultrafragmentado. Para agravar a situação, muitas (ou várias) dessas madrassas converteram-se em centros de propagação do fundamentalismo islâmico e de formação de militantes extremistas, razão pela qual o Paquistão é visto pelo Ocidente como um celeiro de escolas do terror.

Às rivalidades religiosas somam-se disparidades geográficas e culturais nada desprezíveis. No que se refere à geografia física, enquanto o norte-noroeste é montanhoso e bastante acidentado, o centro-sul é formado por planícies e drenado pelo rio Indo. Por sua vez, o rio Indo, que corta o país de norte a sul, constitui-se num "divisor de águas" étnico-cultural. Se o oeste (Baluquistão) é de cultura irano-afegã, o leste (Punjab e Sind) é de influência de grupos étnicos de origem indiana. Como a etnia punjabi (quase metade da população) sempre foi hegemônica, controlando grupos menores como o dos baluques (5%), sindis (15%) e patãs (16%), periodicamente ocorrem tensões separatistas. Além disso, no sul do país é comum o choque entre populações mohajires (muçulmanos vindos da Índia no momento em que ocorreu a partição do império colonial britânico em 1947 e cerca de 8% da população) e grupos autóctones. Diante de tantas diferenças, as dificuldades em se forjar uma identidade nacional paquistanesa são, no mínimo, compreensíveis.

Por quase meio século, o lugar do Paquistão no cenário geopolítico mundial limitou-se aos embates regionais com a vizinha Índia. Isso mudou após o "11 de setembro" de 2001, quando o país foi alçado para a linha de frente da guerra contra o terrorismo na condição de aliado estratégico dos Estados Unidos no contexto geopolítico regional. A parceria com a maior potência do planeta trouxe ajuda militar e financeira ao governo do general Pervez Musharraf, que forneceu em troca todo o apoio necessário à ofensiva armada contra o regime dos Talibans no Afeganistão – apontado como responsável por dar abrigo e sustentação ao grupo Al Qaeda de Osama bin

Laden e mentor responsável pelos ataques terroristas às Torres Gêmeas e ao Pentágono. A relação com os Estados Unidos, porém, estremeceu nos últimos tempos diante do ressurgimento do Taliban no Afeganistão e das acusações de apoio velado de setores do governo paquistanês, especialmente do serviço secreto, aos talibans do Afeganistão.

Caminhos tortuosos

O Paquistão surgiu como país independente em agosto de 1947, como resultado do fim do colonialismo britânico na Índia. A idéia de criar o Paquistão ganhou corpo por causa da recusa dos muçulmanos do Subcontinente Indiano em integrar uma Índia plurirreligiosa e laica.

Os líderes muçulmanos à frente da campanha por um Paquistão independente propagaram com sucesso a idéia de que a colônia britânica da Índia abrangia na verdade duas entidades políticas: o Paquistão e a Índia. Afirmavam que o Paquistão era uma nação com cultura, língua, literatura, leis, códigos, costumes e calendário próprios. No final o aspecto vitorioso que acabou prevalecendo foi o religioso: o Paquistão fez do islamismo o fundamento de sua identidade nacional.

A própria palavra que designa o país é relativamente recente e foi "inventada" por jovens intelectuais muçulmanos que estudavam na Grã- Bretanha durante a década de 1930. O termo *paquistão* significa "país dos puros" e tem origem singular. Cada letra que forma o nome do país, *Pakistan* em inglês, contempla uma região do país. Assim, a letra *p* é de Punjab, o *a* é de Afegânia, o *k* de Caxemira, o *s* de Sind, e as três últimas letras (*tan*) é de Baluquistão.

Isso, contudo não evitou que o Paquistão acabasse formado por duas áreas distintas: o Paquistão Ocidental e o Paquistão Oriental (que em 1971 se tornaria um país independente, Bangladesh), separadas por cerca de 2 mil quilômetros. Também não impediu a presença de uma expressiva minoria muçulmana na Índia, que, embora represente 11% da população, em números absolutos soma mais de 110 milhões de indivíduos.

Um aspecto que deve ser ressaltado sobre o Paquistão é sua dinâmica demográfica. Com mais de 160 milhões de habitantes e com um crescimento demográfico acelerado, o país é o sexto mais populoso do mundo. Tudo indica que nos próximos anos o Paquistão assumirá o quinto posto, posição que hoje pertence ao Brasil.

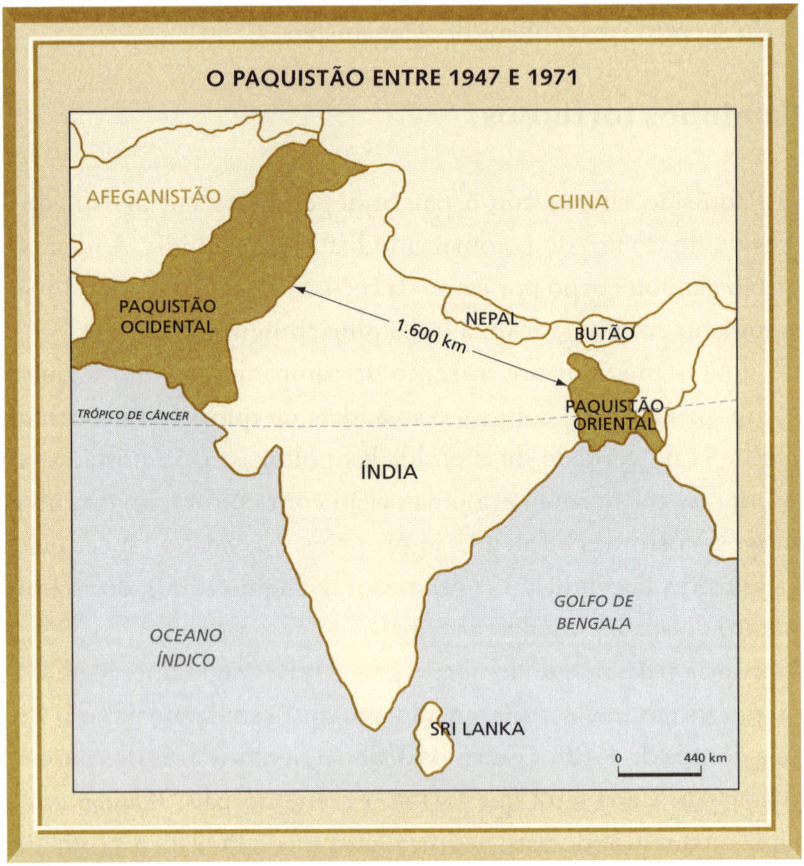

Fonte: Kinder, H. e Hilgemann, W. *Atlas histórico mundial*, Madri, Istmo, 1983.

Diversidades regionais

O Paquistão é um agregado de regiões com estatutos político-administrativos distintos. Ao lado das províncias (Punjab, Sind e Baluquistão), existem os Territórios do Norte (Gilgit e Baltistão), administrados diretamente pelo governo federal. Já os territórios tribais estão sob domínio de grupos em relação aos quais o governo central sempre teve pouco ou nenhum controle. Prova disso é a indefinição, até hoje, do estatuto político dessas áreas. Por fim, existe ainda Azad Caxemira (Caxemira Livre), que goza de uma situação muito particular. Essa complexa construção mostra o caráter diverso, e até certo ponto artificial, da integração territorial do país.

Do ponto de vista geográfico, o Paquistão é formado por duas unidades regionais: o centro-sul e o norte-noroeste.

A primeira delas é predominantemente plana e irrigada pelo rio Indo e seus afluentes. Compreende mais de três quartos do território do país, abriga cerca de 80% da população e abrange três áreas:

1. **Punjab**, com mais de 200 mil km^2 e cerca de 90 milhões de habitantes, cuja cidade principal é Lahore.

2. **Sind**, com mais ou menos 150 mil km^2 e mais de 37 milhões de pessoas, tendo como principal cidade Carachi.

3. **Baluquistão**, com pouco menos de 350 mil km^2 e mais de 8 milhões de habitantes, tendo Queta como principal núcleo urbano.

Já a segunda unidade regional, o norte-noroeste, reúne territórios bastante acidentados. A maioria dessas áreas apresenta altitudes superiores a 1,5 mil metros graças à presença de cadeias montanhosas como o Himalaia, os Montes Sulayman e Makran. A região divide-se em três áreas distintas:

1. Os **territórios tribais**, com 27 mil km^2 e cerca de 4 milhões de habitantes.

2. Os **"Territórios do Norte"**, com 72,5 mil km^2 e mais ou menos 1,5 milhão de habitantes.

3. A **Caxemira Livre** ou **Azad Caxemira**, com pouco mais de 13 mil km^2 e uma população pouco superior a 4,5 milhões de pessoas.

Se existe uma dualidade norte–sul no Paquistão, não é menos verdade que exista também uma oposição leste–oeste. Esta última tem como linha demarcatória o rio Indo. O Indo é o eixo vital da geografia do Paquistão, dividindo o território do país em duas áreas culturais que têm apenas em comum a devoção ao Islã. A primeira corresponde à porção hindu-islâmica e se identifica com o Sind e o Punjab (as duas línguas faladas nessas regiões

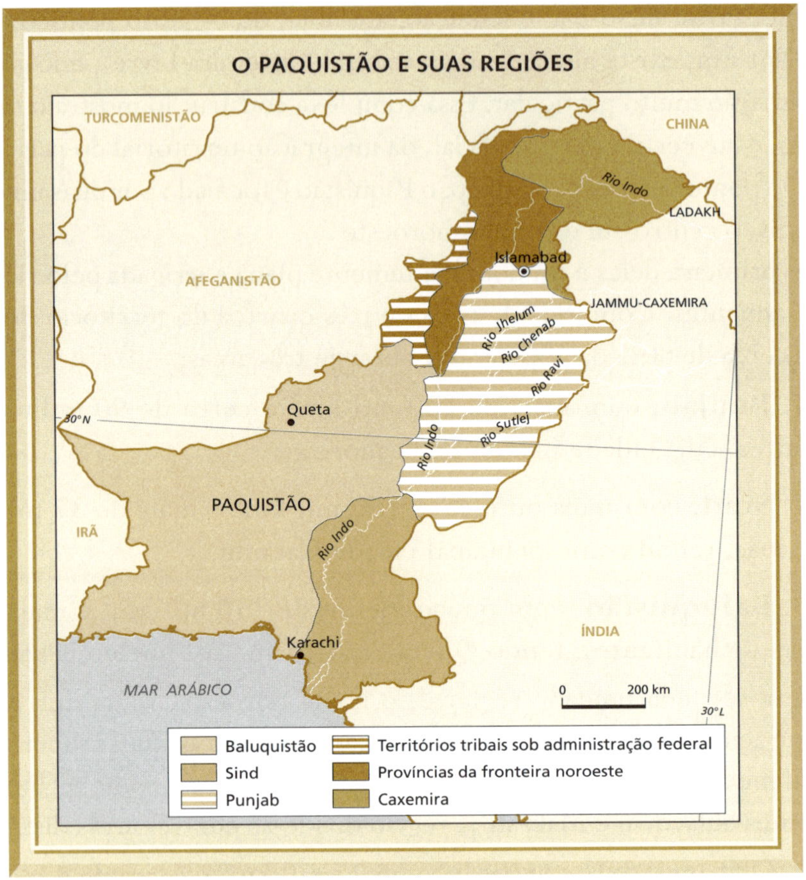

são originárias da Índia). A outra, mais para oeste (Baluquistão), é marcada pelo domínio de uma cultura irano-afegã.

Evolução geopolítica

O Paquistão conheceu vários ciclos geopolíticos desde a independência, em 1947. O primeiro se prolonga até 1971, quando a porção oriental do país, o Paquistão Oriental, distante cerca de 2 mil quilômetros da parte ocidental, tornou-se independente com o nome de Bangladesh.

Nesse período (1947-1971) o Paquistão se engajou profundamente no jogo da Guerra Fria, fazendo parte de um pacto político-militar, o Tratado da Ásia Central (Cento), em aliança com a Grã-Bretanha e países da região, sob o comando dos Estados Unidos.

A criação de Bangladesh inaugurou o segundo ciclo, que durou aproximadamente vinte anos. Nessa fase o Paquistão orientou sua política externa para o mundo árabe, especialmente para os países do Oriente Médio. A invasão do Afeganistão pela União Soviética (1979) e a Revolução Iraniana no mesmo ano valorizaram ainda mais o Paquistão aos olhos do Ocidente por sua proximidade com os territórios afegão e iraniano.

Assim, foi a partir do Paquistão, e contando com auxílio material e financeiro dos Estados Unidos, que a guerrilha afegã anti-União Soviética se organizou e montou bases que foram fundamentais para a resistência aos soviéticos. Ao mesmo tempo, o país abrigou milhões de refugiados afegãos.

O terceiro ciclo geopolítico começou em 1991, com o desaparecimento da União Soviética e a independência dos países que integravam a antiga Ásia Central soviética. Essa fase é marcada por uma forte oposição à Índia e por uma reorientação geopolítica em direção às fronteiras setentrionais do país.

De olho no Afeganistão e nos demais países da Ásia Central, o Paquistão procura transformar seu território na via privilegiada de saída dos recursos minerais, especialmente petróleo, extraídos do mar Cáspio. Nessa empreitada, os interesses do governo paquistanês chocam-se com os do Irã, que possui exatamente as mesmas ambições.

As pretensões econômicas e geopolíticas do Paquistão baseiam-se no potencial de suas forças armadas, que já dispõem de artefatos nucleares e têm uma tradição de interferência na política interna do país. Prova disso é que Pervez Musharraf, presidente do país em 2007, chegou ao poder através de um golpe militar em 1999. Todavia, as contradições e tensões geopolíticas internas (religiosas, étnicas, culturais e geográficas) são obstáculos na busca do Paquistão em ampliar seu grau de influência regional.

8. Bangladesh e seus dramas

Com cerca de 143 mil km^2 (mais ou menos do tamanho do Amapá), uma população que se aproxima rapidamente de 150 milhões de habitantes e uma densidade demográfica altíssima (cerca de mil hab./km^2), Bangladesh é considerado um dos mais pobres países do mundo. Com um território quase totalmente plano (a altitude não vai além dos 50 metros, mesmo a 400 quilômetros do mar), Bangladesh tem a quase totalidade de sua superfície drenada por rios muito caudalosos, como o Ganges e o Brahmaputra.

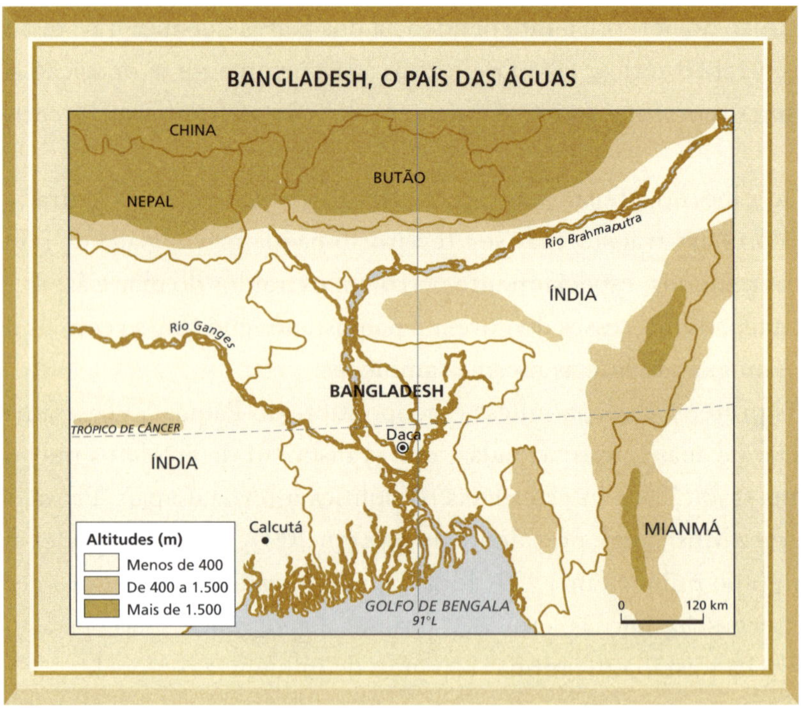

Situado entre 20° e 26° de latitude norte, estando, portanto, quase inteiramente no interior da zona intertropical, o país é afetado, como todos os outros da região, pelo fenômeno das monções. As chuvas trazidas pelas monções de verão são fundamentais para a economia de milhões de camponeses que dependem delas para desenvolver seus cultivos.

Entretanto, periodicamente, essas chuvas são de uma intensidade diluviana (alguns dos pontos mais chuvosos do mundo situam-se no território de Bangladesh ou em regiões próximas) e, aliadas às condições topográficas e hidrográficas dominantes no país, causam enormes tragédias, cujas vítimas podem ser contadas por vezes em centenas de milhares.

A essas inundações juntam-se com freqüência os ciclones tropicais originários do golfo de Bengala, que trazem, além das chuvas intensas, ventos cuja velocidade pode alcançar 250 km/h e que por sua vez empurram as águas do mar para dentro do continente. As populações que vivem no limite entre os deltas dos rios e o mar acabam sendo dizimadas. Em 1991, um desses ciclones atingiu Bangladesh e ceifou a vida de mais de 300 mil pessoas.

Inundações: fenômeno freqüente em Bangladesh.

O país é "afogado" não só pelas águas, mas também por uma demografia galopante. Nas três últimas décadas do século XX, a população mais que duplicou, passando de 55 milhões para cerca de 130 milhões, apesar das periódicas catástrofes naturais e das significativas migrações em direção à Índia.

Bangladesh é quase totalmente homogêneo do ponto de vista étnico, já que cerca de 98% de sua população é formada pelo grupo bengali, que professa, em sua maioria, o islamismo. Vale, no entanto, ressaltar que aqueles que seguem o hinduísmo representam pouco mais de 10% do efetivo populacional. Em razão das repetidas catástrofes climáticas, existem milhões de bengalis vivendo na Índia.

Ciclos geopolíticos

Em 1947, quando se verificou a partilha da colônia britânica da Índia sobre uma base religiosa, o Paquistão ficou dividido em duas partes. Na parte leste, onde se refugiaram os bengalis muçulmanos, formou-se o Paquistão Oriental, separado do outro "pedaço" do Paquistão por quase 2 mil quilômetros de territórios pertencentes à Índia.

De 1947 a 1971, o Paquistão Oriental foi uma espécie de colônia de seu homônimo ocidental. Tudo separava essas duas áreas do país, à exceção da religião muçulmana, comum a ambas. O poder político concentrava-se na parte ocidental, região que controlava a máquina administrativa estatal, detendo o monopólio das nomeações aos postos superiores do funcionalismo e das forças armadas.

Além de possuir maior população (55% do efetivo total), o Paquistão Oriental produzia parte considerável das riquezas do país. Apesar de produzir 75% das exportações do país (juta e chá, principalmente), não recebia mais que 30% dos investimentos totais. Fora isso, tentava-se impor a língua e a cultura urdus (exclusivas do oeste) às populações bengalis do leste, que possuíam maior afinidade com seus congêneres da Índia.

Ao longo dos anos, essa situação ficou insustentável, gerando uma guerra civil. Em 1971, contando com decisivo apoio da Índia, o Paquistão

Oriental se separou de seu "irmão ocidental", tornando-se um novo Estado, o de Bangladesh.

Desde então, Bangladesh luta com três problemas principais. O primeiro é tentar melhorar as condições de vida de sua população, já que o país está entre os mais pobres da Ásia e do mundo. Para se ter uma idéia, seu IDH apresenta números muito próximos daqueles que se verificam entre os países mais pobres da África Subsaariana, sabidamente o principal bolsão de pobreza do planeta.

O segundo problema é tentar reconstruir o país depois de cada nova catástrofe natural (enchente, tufão ou uma combinação de ambos). O país só tem sobrevivido após a ocorrência dessas intempéries graças à ajuda humanitária internacional.

O terceiro é tentar manter uma geopolítica de equilíbrio perante dois de seus poderosos vizinhos, a Índia e a China.

Parte 3

Sudeste Asiático

O Sudeste Asiático abrange um extenso conjunto de ilhas e penínsulas localizado entre o Subcontinente Indiano e a China. Na parte continental, destacam-se Mianmá (antiga Birmânia), Tailândia, parte da Malásia, Cingapura, Laos, Camboja e Vietnã. Na parte insular, ficam a Indonésia, as Filipinas, o sultanato de Brunei e Timor Leste, o mais novo país do mundo.

OS PAÍSES DO SUDESTE ASIÁTICO

Ao longo do século XIX, o Sudeste Asiático foi objeto de cobiça das metrópoles européias e dos Estados Unidos, que partilharam a região em áreas de influência buscando explorar matérias-primas agrícolas e minerais e ampliar mercados para colocação de seus produtos e investimentos.

Assim, a Grã-Bretanha estendeu seus domínios sobre a Birmânia, a Malásia, Cingapura e Brunei. A Holanda ocupou a Indonésia, com exceção da parte leste da ilha de Timor, que estava sob o controle de Portugal. À França coube ficar com a região da Indochina (Laos, Camboja e Vietnã), e os Estados Unidos depois de desalojarem os espanhóis passaram a ser os "donos" das Filipinas.

Fonte: Bacic Olic, Nelson. *A Guerra do Vietnã*, São Paulo, Moderna, 1989.

O processo de descolonização dos países do Sudeste Asiático aconteceu logo após a Segunda Guerra Mundial, e, se com ele veio a independência política, a dependência econômica e financeira praticamente continuou inalterada.

Somente nas últimas décadas do século XX, a região tornou-se a menina dos olhos do capitalismo mundial graças ao desempenho econômico excepcional da Tailândia, da Malásia, de Cingapura, da Indonésia, das Filipinas e, mais recentemente, do Vietnã. Ao lado de Taiwan, Coréia do Sul e Hong Kong, esse conjunto de países logo ascendeu ao pódio do comércio internacional com o nome de "Tigres Asiáticos" e, mais recentemente, recebeu a denominação de Novos Países Industrializados (NPIs).

Essas economias sofreram o mais rápido e intenso processo de modernização da história, promovido inicialmente pela difusão das indústrias têxtil, eletrônica e microeletrônica. A fórmula, que gerou por anos a fio milagrosas taxas de crescimento do PIB, é baseada em um tripé: a agressiva conquista de mercados externos, os estímulos do Estado à modernização da indústria e a oferta de mão-de-obra barata e qualificada. Pesados investimentos em educação e saúde tornaram-se prioridade para os governos, fornecendo à região o capital humano necessário para operar as empresas nascentes. Tudo isso com o estratégico suporte do capital japonês e a garantia oferecida pelo maior mercado consumidor do mundo, o norte-americano.

A pujança econômica dos "Tigres" é a faceta mais conhecida do Sudeste Asiático, mas está longe de ser a única. Talvez a palavra que melhor defina a região seja *oposição*, isto é, a polarização entre realidades dissonantes. Não podemos esquecer que, enquanto os NPIs se integravam ao circuito global, o Laos, o Camboja e o Vietnã mantinham-se como importantes focos do comunismo, sob a tutela de regimes absolutamente fechados para o restante do mundo. Com a queda do comunismo no Leste Europeu, no início da década de 1990, esses países ingressaram em uma nova fase: de liberalização, modernização e abertura. Embora o processo seja lento e demorado, salta aos olhos o fato de hoje os Estados Unidos despontarem como o maior parceiro comercial do Vietnã.

Ao contraste entre comunismo e capitalismo soma-se outro, mais aparente. Em nosso imaginário, o Sudeste Asiático está associado ao universo urbano e industrializado, aquele das empresas transnacionais com tecnologia de ponta e das cidades com arranha-céus e infra-estrutura de altíssima qualidade, cujo exemplo mais acabado é a cidade-estado de Cingapura. No entanto, parcela considerável da população ainda vive no campo, ganhando o seu sustento diário nas plantações de arroz (a tradicional rizicultura inundada) e na agricultura do tipo *plantation*, introduzida pelos colonizadores europeus. Já a região montanhosa chamada Triângulo Dourado, que abrange territórios do Laos, da Tailândia e, sobretudo, de Mianmá, é conhecida pelo cultivo ilícito de papoula, que coloca esses países na liderança mundial da produção de ópio, ao lado do Afeganistão.

No plano geopolítico, a longa Guerra do Vietnã (1961-1975), com seus desdobramentos no Laos e no Camboja, aparece como marco de uma era passada. Com o fim da Guerra Fria (1991), as rebeliões de natureza étnica e/ou religiosa roubaram a cena também no Sudeste Asiático. O principal foco de instabilidade é a Indonésia, um arquipélago com mais de 15 mil ilhas que vem lutando para manter intacta a integridade do seu território.

A primeira grande derrota aconteceu em 2002, com a independência de Timor Leste. Mas o governo de Jacarta parece determinado a parar por aí, reagindo com violência e às vezes com diplomacia às reivindicações separatistas em Papua (ex-Irian Jaya), em Aceh e nas ilhas Molucas. Nas Filipinas, o único país de maioria católica do Sudeste Asiático, são os muçulmanos da ilha de Mindanao que exigem a emancipação. A situação também é preocupante em Mianmá: habitado por etnias em permanente estado de rebelião, envolvidas com o narcotráfico, o país é governado por uma junta militar recordista em violações dos direitos humanos. A administração norte-americana classifica o regime do país como uma narcoditadura.

9. Fúrias da natureza

Situado aproximadamente entre 10° de latitude sul e 28° de latitude norte, o Sudeste Asiático encontra-se quase inteiramente na zona intertropical. Apenas o norte de Mianmá se encontra em latitudes situadas ao norte do trópico de Câncer. Dada essa localização, a região apresenta o domínio de climas quentes e úmidos (equatorial e tropical afetados pelas monções), com florestas densas e savanas, formações vegetais típicas de áreas com essas características climáticas.

As paisagens naturais do Sudeste Asiático ainda estão marcadas pela presença de vastas áreas de floresta tropical densa e úmida. Vale salientar a importância estratégica da região como o último bolsão de mata nativa tropical de toda a Ásia, uma vez que o continente carrega consigo o triste recorde de ter desmatado parcela considerável de suas florestas. O que restou está principalmente na Indonésia, em Mianmá, no Laos e no Camboja. Mas o avanço recente das motosserras clandestinas e das madeireiras comerciais — que já devastaram as vizinhas Tailândia e Malásia — lança uma nuvem cinza sobre o futuro desses bastiões verdes.

Embora incluído na região da Ásia das Monções, o Sudeste Asiático apresenta diferenças importantes no que tange aos aspectos climáticos. Por exemplo, na Indochina, se verifica a rígida alternância entre verões quentes e chuvosos e invernos também quentes, porém secos. Já na Indonésia boa parte das ilhas do arquipélago apresenta clima equatorial praticamente sem estação seca.

Na parte continental da região, o relevo é caracterizado por um leque de cadeias montanhosas que, de um "nó" ao norte de Mianmá, divergem para o sul e o sudeste. As paisagens aí são de vales estreitos, planícies e deltas que abrigam as áreas mais povoadas e concentram as principais atividades econômicas.

A porção insular corresponde a vastos conjuntos montanhosos integrantes do Círculo de Fogo do Pacífico, onde a ocorrência de vulcanismo ativo, terremotos e eventuais maremotos demonstra a origem geológica recente desses terrenos.

A imensa nuvem de fumaça e cinzas lançada pelo Pinatubo (Filipinas, 1991).

Desastres tectônicos

Situado em pleno Círculo de Fogo do Pacífico — uma área de contato entre as placas tectônicas Indo-Australiana, Euro-Asiática e do Pacífico —, o Sudeste Asiático é periodicamente assolado por terremotos e vulcões ativos, especialmente na parte insular. Ficaram tristemente famosas as catástrofes causadas pelas erupções dos vulcões Krakatoa (Indonésia, 1883) e Pinatubo (Filipinas, 1991) e, mais recentemente (2004), pelo tsunami, a enorme onda marítima que destruiu a costa de vários países da região.

Estima-se que existam atualmente 1,5 mil vulcões ativos no mundo, 550 em terra e o restante no oceano. Embora tragédias vulcânicas sejam uma constante ao longo da história, o número de erupções aumentou consideravelmente a partir de meados do século XX. Na década de 1970 foram 21; na década de 1980 foram 36; e apenas na primeira metade da década de 1990 nada menos que 55 vulcões entraram em atividade.

Algumas erupções causaram espanto por se tratar de vulcões adormecidos há muito tempo e também pela enorme violência das explosões. Uma delas foi a do vulcão Pinatubo (Filipinas), ocorrida em junho de 1991, após mais de seis séculos de inatividade. Mais de oitocentas pessoas morreram na tragédia, considerada a segunda maior erupção vulcânica do século XX. O material expelido pelo vulcão espalhou-se rapidamente pelo globo e, em dois meses, cobria 42% da superfície terrestre.

Estudos indicam que o Pinatubo está por trás do rigoroso inverno de 1992 na Nova Zelândia e também dos violentos ciclones e chuvas torrenciais que alagaram o meio-oeste dos Estados Unidos em 1993. Nas imediações do próprio Pinatubo, as fortes chuvas transformaram em rios de lama as cinzas e rochas depositadas em sua encosta durante a erupção. A enxurrada invadiu várias localidades e destruiu centenas de casas, deixando aproximadamente 8 mil desabrigados.

A onda mortal

O final do ano de 2004 ficou marcado pelo tsunami que atingiu treze países da Ásia e da África. Nunca se saberá o total exato de vítimas fatais, embora os números apontem para mais de 280 mil. Uma coisa é certa: esse foi um dos desastres naturais mais mortíferos dos últimos 150 anos. A quase totalidade das mortes ocorreu na Indonésia, no Sri Lanka, na Índia e na Tailândia.

O tsunami é uma onda enorme ocasionada por distúrbios sísmicos e que possui grande poder de destruição quando chega a uma região litorânea. Em 2004, o epicentro foi no oceano Índico, a cerca de 180 quilômetros de distância do norte da ilha de Sumatra (Indonésia). A região está situada no encontro das placas tectônicas Indo-Australiana e Euro-Asiática, que se sobrepuseram e geraram um abalo sísmico de 9 graus na escala Richter.

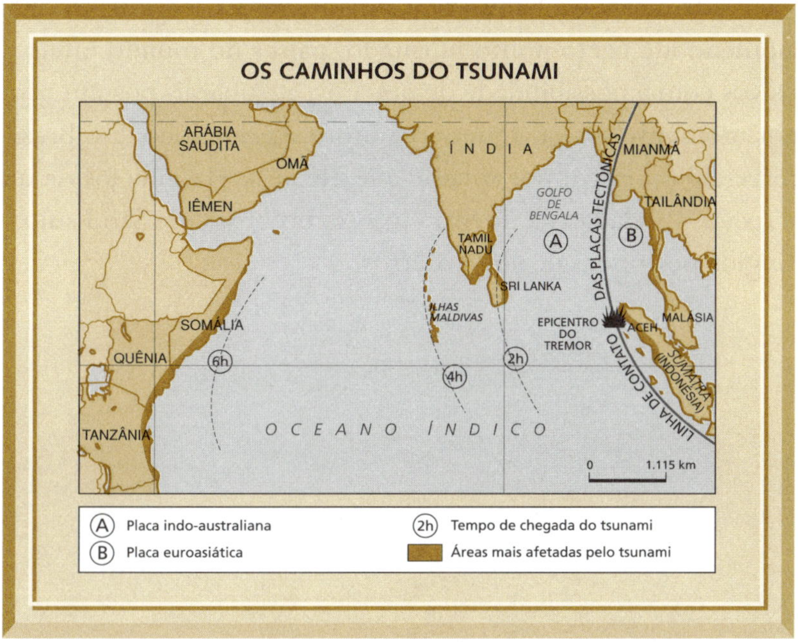

Regiões litorâneas próximas ao epicentro, áreas da costa bastante povoadas, marginalmente desenvolvidas ou morfologicamente suscetíveis à penetração das enormes ondas, figuram entre as mais afetadas pelo tsunami. A combinação desses fatores fez da Indonésia o país com maior número de vítimas (cerca de 80% do total), a maior parte delas na província de Aceh e sua capital, Banda Aceh, situada na ponta noroeste da ilha de Sumatra. Por outro lado, foi expressivo o número de turistas europeus que morreram quando desfrutavam suas férias nos *resorts* das praias tailandesas. A imensa maioria de vítimas do Sri Lanka e da Índia foram as populações pobres que moravam e desenvolviam suas atividades à beira-mar.

Catástrofes naturais dessa magnitude podem ser minimizadas por meio de sistemas de previsão e alerta, como o que já existe no oceano Pacífico, fruto da iniciativa norte-americana e japonesa. Infelizmente, não havia nenhum tipo de infra-estrutura como esta na região do oceano Índico. Após o desastre foram feitas reuniões internacionais para criar um sistema de alerta global de tsunamis. Como a tragédia de 2004 foi um fenômeno até certo ponto inusitado, países do mundo inteiro estão apreensivos com a possibilidade de que novos tsunamis possam ocorrer a qualquer momento em qualquer área litorânea do globo. E o Brasil também corre algum risco, por menor que ele seja. Há indícios de que em 1542 a recém-fundada vila de São Vicente, no litoral de São Paulo, tenha sido atingida por ondas de até 8 metros.

© JEWEL SAMAD/AFP/GETTY IMAGES

Situação da cidade de Banda Aceh (ilha de Sumatra, Indonésia), logo após a devastação causada pelo tsunami, em 2004.

A explosão do Krakatoa

Quarta-feira, 23 de agosto de 1883, 10 horas e 2 minutos. Uma enorme explosão numa pequena ilha da Indonésia anunciou o evento devastador que matou mais de 35 mil pessoas. Começava a erupção do vulcão Krakatoa, que entrou para a história como o grande marco das catástrofes vulcânicas da era moderna.

Graças aos incríveis avanços nos meios de comunicação ocorridos no final do século XIX — como a invenção do telégrafo, a utilização de cabos submarinos e o aparecimento das agências de notícias —, a notícia espalhou-se como nunca pelos quatro cantos do globo. Mas, como os geólogos da época ainda não conseguiam explicar com clareza o fenômeno, muitas pessoas ficaram confusas, amedrontadas, assombradas. Não foram poucos aqueles que acreditaram que a fúria do Krakatoa era o claro sinal do fim do mundo.

A violenta explosão do Krakatoa riscou do mapa a ilha que o abrigava, num estrondo que foi ouvido até na Índia e na Austrália. Seguiram-se tsunamis que provocaram a morte de milhares de pessoas. Os barômetros em várias partes do mundo pareciam enlouquecidos, e a temperatura global abaixou por causa da fumaça e da poeira lançadas na atmosfera. Durante meses, os crepúsculos em todo o mundo se transformaram em incríveis e inquietantes espetáculos de luz.

Surpreendentemente o fenômeno também desencadeou eventos de natureza política. Na ilha de Java, mais precisamente na região de Bantam (área mais próxima ao desastre), a devastação deixou milhões de camponeses na miséria. Aproveitando-se da situação, líderes locais promoveram em 1888 um dos primeiros levantes islâmicos e antiocidentais de que se tem notícia — vale lembrar que a Indonésia é, na atualidade, o país com maior população islâmica do mundo. Apesar de rapidamente derrotado, o movimento deu início ao processo que, algumas décadas mais tarde, levaria à independência da Indonésia, então colônia holandesa.

10. Vietnã: a terra e suas guerras

Um dos últimos bastiões do comunismo no mundo, o Vietnã ingressou no século XXI com a determinação de virar a mesa e brilhar como a mais nova estrela do capitalismo asiático. Nos últimos anos, o país vem colhendo os frutos do bem-sucedido plano de abertura econômica iniciado em 1986, que o converteu num exportador de respeito de calçados, vestimentas e alguns produtos agrícolas, com destaque para o café e o arroz. Para se ter uma idéia, desde 2000 o PIB vietnamita vem se expandindo a uma taxa de 7% a 8% ao ano, colocando o país na linha de frente do atual milagre asiático, junto com a Índia e a China. A coroação da longa jornada rumo à economia de mercado aconteceu em janeiro de 2007 quando, após 12 anos de negociações, o país foi oficialmente admitido na Organização Internacional do Comércio (OIT). A adesão ao organismo promete integrar de vez sua economia ao circuito global, aumentando a influência do Vietnã no mundo.

Caso o país continue crescendo nesse ritmo, como planeja a liderança do Partido Comunista, a perspectiva é de que em 2020 o Vietnã abandone o rótulo de nação subdesenvolvida para se juntar ao seleto grupo das nações ricas e industrializadas. E os avanços ocorridos até o momento não deixam dúvida quanto à viabilidade desse ambicioso projeto. A população é educada (90% dos adultos são alfabetizados), saudável (a mortalidade infantil é bem baixa) e usufrui de um padrão de vida impensável na época do comunismo. Basta dizer que em 20 anos a porcentagem de vietnamitas vivendo na extrema pobreza caiu de 70% para menos de 25%, uma conquista ainda mais invejável do que a chinesa.

A nação tem se empenhado em superar o legado do confronto mais simbólico da Guerra Fria. A maior prova disso é a reaproximação com os Estados Unidos, que vem ocorrendo a passos largos. Em 1995 os antigos inimigos reataram relações diplomáticas. A normalização do comércio veio em 2001 e atualmente os Estados Unidos são o maior parceiro econômico do Vietnã.

Em outras frentes, porém, o estigma da guerra ainda se faz presente. As pulverizações com *agente laranja* realizadas pelo exército norte-americano contaminaram vastas áreas de floresta e continuam a matar e provocar patologias gravíssimas na população. Isso sem falar das minas terrestres espalhadas pelo subsolo, que já mutilaram ou tiraram a vida de aproximadamente 40 mil vietnamitas. E, como resultado das mortes em massa durante o conflito (1,5 milhão), cerca de 90% dos vietnamitas hoje possuem menos de 30 anos e as mulheres predominam na sociedade.

Apesar do ritmo acelerado das reformas, o Vietnã ainda é uma nação comunista sob vários aspectos. O Estado domina metade da economia e o Partido Comunista governa o país com mãos de ferro. À semelhança do caso chinês, a modernização econômica trouxe uma falsa sensação de liberdade. O governo segue controlando todas as esferas da vida e reprimindo qualquer manifestação de oposição ao regime. Ao lado da abertura política, o Vietnã também se depara com o desafio de democratizar o desenvolvimento e o progresso, uma vez que a disparidade entre ricos e pobres e entre o campo e a cidade só tem aumentado.

Retrato físico e humano

O território do Vietnã possui uma forma fina e alongada. Se no sentido norte–sul ele se estende por cerca de 2 mil quilômetros, na sua parte mais estreita a distância leste–oeste não ultrapassa 50 quilômetros. Dois grandes rios cortam o país: o rio Vermelho, no norte, e o Mekong, no sul. Eles formam espécies de "triângulos" ao desembocar no mar. Na área desses deltas situam-se as principais cidades vietnamitas: Hanói, a capital, ao norte, e Ho Chi Min (antiga Saigon), ao sul.

Por estar localizado na zona tropical, o Vietnã é um país de clima quente e úmido, com vasta área de florestas densas. Boa parte, no entanto, foi destruída durante a Guerra do Vietnã (1961-1975) pelo uso de desfolhantes químicos como o *agente laranja*.

Dos cerca de 85 milhões de habitantes, a maioria (90%) é da etnia quine (kinh). Esse grupo dominante vive nas regiões de relevo mais baixo,

ou seja, no delta do rio Vermelho (foco original da nação), nas estreitas planícies litorâneas da porção central e junto ao delta do Mekong (de colonização mais recente). Já as minorias étnicas (são cerca de 50) habitam as montanhas e planaltos da Cordilheira Anamítica, regiões de difícil acesso e, portanto, bem menos povoadas. Existe ainda uma expressiva minoria de origem cambojana no delta do Mekong e comunidades chinesas em cidades do sul onde o comércio é forte, especialmente em Cholon, cidade-irmã da antiga Saigon.

Ao lado do contraste entre as altas densidades demográficas da planície (alta) e as baixas existentes nas áreas montanhosas, outra característica marcante na ocupação do território é a baixa taxa de urbanização (30%). Além de escassa, a população urbana se concentra em pouquíssimas cidades, como Ho Chi Min, Hanói e Da Nang, que comandam a economia.

A longa guerra com os Estados Unidos deixou inúmeras seqüelas para a população. O país possui hoje uma das mais baixas taxas de masculinidade do mundo: 96 homens para cada 100 mulheres. Tal desequilíbrio faz prosperar um intenso tráfico de mulheres para a China, onde os homens são mais numerosos em razão da política chinesa do filho único aliada à preferência cultural das famílias pelo sexo masculino. A guerra também comprometeu a pirâmide demográfica do país ao varrer do mapa a fatia da população que hoje seria adulta. Assim, os indivíduos com menos de 15 anos representam cerca de 35% da população e aqueles com menos de 30 anos correspondem a quase dois terços da população.

A guerra que abalou o mundo

Um dos capítulos mais dramáticos da Guerra Fria aconteceu no Vietnã. Dividido em dois países em 1954, o Vietnã do Norte, comunista, e o Vietnã do Sul, capitalista, travaram uma longa batalha que durou quase 20 anos. A guerra começou com uma rebelião comunista no sul, apoiada pelo governo do norte. Com o passar dos anos, essa insurreição local se internacionalizou por causa da intervenção maciça dos Estados Unidos. Mas a principal máquina de guerra do planeta amargou no Vietnã o maior fiasco militar de sua história, mostrando-se incapaz de impedir a derrota do sul e a subseqüente unificação do Vietnã sob a égide do comunismo.

A presença colonial francesa na Indochina durou mais de cem anos e terminou em 1954 com a assinatura de acordos em Genebra, Suíça, que criaram dois países, separados pelo paralelo 17º de latitude norte: o Vietnã do Norte, que havia adotado o regime comunista desde 1946, e o Vietnã do Sul, que permaneceu sob influência do capitalismo ocidental. A divisão, forjada no contexto da Guerra Fria, não agradou aos "nortistas", como também a uma parcela da população do Vietnã do Sul que defendia a unidade étnica no país.

Com a imposição de uma ditadura, o Vietnã do Sul viveu um período de grande turbulência entre 1954 e 1960. A partir de 1961 formou-se um movimento de oposição armada, a Frente de Libertação Nacional (FLN), cujos combatentes, os vietcongues, pretendiam unificar o país, derrubando o governo. Os primeiros anos foram favoráveis aos vietcongues, que, em 1966, chegaram a controlar 75% do território do Vietnã do Sul.

Jovem vietcongue prepara-se para o combate contra tropas dos Estados Unidos (Vietnã, 1971).

A correlação de forças mudou com o envolvimento dos Estados Unidos na guerra. Inicialmente, o governo do Vietnã do Sul recebia apenas "assessores" enviados pelo governo norte-americano. Com o tempo, soldados norte-americanos estavam integrando a ajuda e, em 1968, ultrapassavam 500 mil em solo vietnamita. A partir de 1964, forças norte-americanas também passaram a bombardear o Vietnã do Norte em resposta à intervenção direta deste na guerra.

Assim, o conflito de caráter civil foi ganhando aos poucos dimensões mundiais. De um lado, as forças norte-americanas apoiavam o governo sul-vietnamita e, de outro, o Vietnã do Norte, a União Soviética e a China davam auxílio material e sustentação política aos vietcongues.

Em 1968, quando tudo levava a crer em uma vitória do Sul, com o apoio dos Estados Unidos, as forças vietcongues e norte-vietnamitas realizaram a chamada Ofensiva do Tet (do ano-novo lunar chinês, que acontece no último dia de janeiro do calendário ocidental). Todas as cidades e centros administrativos do Sul foram atacados de surpresa, incluindo a invasão da embaixada norte-americana em Saigon, capital do Vietnã do Sul.

Apesar do fracasso militar, a Ofensiva do Tet abalou a determinação do governo norte-americano, cuja imagem já estava bastante desgastada por causa da crescente oposição da opinião pública (norte-americana e mundial) à guerra. Os combates e bombardeios prosseguiram em meio a um longo processo de desengajamento das forças norte-americanas até a retirada formal, em março de 1973. A partir de então, a guerra passou a envolver apenas as forças vietnamitas. Sem tropas, armamentos e dinheiro dos Estados Unidos (a ajuda financeira também foi minguando aos poucos), o regime sul-vietnamita foi finalmente derrubado em abril de 1975.

Ato final da Guerra do Vietnã: tanque norte-vietnamita derruba os portões do palácio presidencial do Vietnã do Sul (Saigon, abril de 1975).

A reunificação do Vietnã, sob o comando dos comunistas, custou 1,5 milhão de vidas vietnamitas e mais de 50 mil norte-americanas. Saigon, a capital do Sul, teve seu nome mudado para Ho Chi Min, em homenagem ao grande líder comunista do Norte que comandou, até 1969, a guerra contra o regime do Sul. Hanói, sede do governo do antigo Vietnã do Norte, tornou-se a sede do país unificado. Os Estados Unidos impuseram um bloqueio econômico ao novo país que só foi levantado em 1995.

A nova estrela da economia mundial

Dois eventos econômicos salientaram a importância do Vietnã para o mundo em 2006. Para começar, o país recebeu "carta branca" para ingressar na Organização Mundial do Comércio (OMC), num claro reconhecimento de que as reformas capitalistas ali implantadas caminham de vento em popa. Meses depois, o país mostrou ao mundo seus dotes para a economia de mercado ao sediar a reunião de cúpula do Fórum de Cooperação Econômica Ásia-Pacífico (Apec), organização que pretende criar até 2020 uma zona de livre-comércio entre vinte países da Ásia e da América banhados pelo oceano Pacífico. Estiveram presentes no encontro os presidentes dos Estados Unidos, da Rússia e da China.

Esses acontecimentos representam conquistas de peso para um país cuja economia chegou à beira do colapso em meados da década de 1980. A crise resultou da longa guerra entre o Norte e o Sul e da malsucedida gestão comunista. Se no campo a coletivização arrasou a produção agrícola, provocando fome em massa, nos grandes centros a obsessão pela indústria pesada bloqueou o desenvolvimento das indústrias de bens de consumo.

As reformas capitalistas que o governo implantou a partir de 1986 recuperaram os setores mais importantes da economia, ou seja, a agricultura, a indústria leve e a mineração. Essa "abertura econômica", chamada *doi-moi* (renovação), transformou o Vietnã no maior exportador de arroz do mundo e piscicultor de peso e contribuiu para um grande incremento da produção de café, chá e banana. Na mineração, o aumento na produção de carvão e petróleo sustentou a expansão da indústria, com destaque para a produção têxtil e de calçados, especialmente na cidade de Ho Chi Min. Já a indústria pesada continua concentrada em Hanói.

Com isso, o Vietnã tem registrado o segundo maior ritmo de crescimento do PIB (próximo de 8%) na Ásia, superado apenas pelo da China. As exportações estão crescendo cerca de 30% e aproximadamente três quartos do comércio exterior do país é feito com alguns de seus vizinhos asiáticos como Japão, Cingapura, Taiwan e Coréia do Sul.

O "novo" Vietnã possui fortes ingredientes para atrair os investidores estrangeiros: uma grande população jovem e educada e salários mais baixos do que os praticados na China. No momento em que alguns de seus vizinhos, como a Tailândia e a Indonésia, passam por instabilidades sociais, o Vietnã tem a vantagem da estabilidade política, pois o regime é controlado pelo Partido Comunista.

Mas nem tudo são flores. A infra-estrutura viária, portuária e energética é ainda insuficiente para fazer frente ao aumento das exportações. Além disso, o Vietnã continua a ser um país subdesenvolvido, com renda *per capita* baixa (metade da chinesa e cerca de um terço da brasileira) e altos índices de pobreza apesar da redução drástica ocorrida nas últimas décadas. Por fim, o país ainda depende muito dos resultados da agricultura, onde se concentram cerca de 60% da população ativa.

Com razão, os líderes vietnamitas atuais fazem questão de frisar que o Vietnã, afinal, deixou de ser simplesmente o nome de uma guerra.

11. Indonésia: o maior arquipélago do mundo

Com mais de 15 mil ilhas espalhadas numa estratégica região de passagem entre a Ásia e a Austrália, a Indonésia é o maior arquipélago do mundo. Por possuir um território tão fragmentado, o país sempre teve uma dificuldade natural em manter intacta sua unidade nacional. Não bastassem os obstáculos impostos pela geografia física, a Indonésia é habitada por barulhentas minorias étnicas e religiosas ressentidas sobretudo com o hegemônico grupo de muçulmanos. Com isso, sua história é marcada por choques étnicos e movimentos separatistas, também provocados pelas polêmicas políticas de expansão territorial e de transmigração implantadas após a independência (1949).

Assim, tanto a ocupação de Aceh, de Timor Leste e de Papua (ex-Irian Jaya), como o influxo de imigrantes para Kalimantan, Papua, Célebes e Moluccas desagradaram as populações locais. Pontos quentes da Indonésia, essas regiões mergulharam na violência especialmente após a queda da longa ditadura do general Suharto (1966-1998). Enfraquecido, o governo provisório não conseguiu evitar a perda de Timor Leste em 1999, em meio ao banho de sangue que deixou milhares de mortos. Na esteira de Timor, conflitos ganharam intensidade em outras áreas, colocando em cheque a capacidade das novas autoridades em assegurar a ordem pública e a integridade territorial da nação. Mas os acordos de paz assinados nos últimos anos, com destaque para Aceh (2005) e Moluccas (2002), lançaram esperanças de pacificação das províncias "rebeldes" da Indonésia.

Ao lado das tensões étnicas e separatistas, a Indonésia vem atravessando turbulências em outras frentes. Em 2002, o país entrou de forma trágica no mapa do terrorismo islâmico internacional quando um carro-bomba explodiu na paradisíaca ilha de Bali, matando 202 pessoas. Apontado como responsável pelo ataque, o grupo extremista Jemaah Islamiyah é suspeito de pertencer a uma rede terrorista que atua no Sudeste Asiático e possui conexões com a Al Qaeda de Osama bin Laden.

E a economia, baseada na extração de petróleo, estanho e gás natural, ainda sofre os efeitos da crise financeira de 1997/1998 que devastou a Indonésia e outros Tigres Asiáticos. Escândalos de corrupção e protestos populares contra as políticas neoliberais do governo acompanharam o fim da era Suharto. Nesse contexto de instabilidade social e política, o país deu um grande salto ao realizar em 2004 as primeiras eleições democráticas para presidente desde a independência.

No meio de tantos contratempos, a natureza também não tem dado trégua. Por sua localização, em pleno Círculo de Fogo do Pacífico, o país é periodicamente assolado por abalos sísmicos e erupções vulcânicas. Mas o rastro de destruição deixado pelas ondas gigantescas (tsunamis), que devastaram a parte norte da ilha de Sumatra em 2004, não tem paralelo na história do país. Cerca de 220 mil indonésios morreram ou desapareceram nessa tragédia, que também atingiu comunidades costeiras da Tailândia, da Índia, do Sri Lanka e Ilhas Maldivas.

Retrato físico e humano

Situada no entroncamento de rotas entre os oceanos Índico e Pacífico, a Indonésia controla, total ou parcialmente, as passagens dos estreitos de Málaca, Sonda, Lombock e Macassar, importantes rotas do comércio marítimo internacional. Por ali passam navios do Japão, da China e das potências ocidentais.

O extenso arquipélago é cortado pela linha do Equador. Por isso o clima é quente e úmido (equatorial e tropical), e as formações florestais densas, semelhantes à Floresta Amazônica, ainda recobrem amplas porções do território indonésio, apesar do intenso desmatamento recente.

Com mais de 220 milhões de pessoas, a Indonésia é o quarto país mais populoso do mundo. A distribuição demográfica é bastante desigual, com 90% dos habitantes concentrados em quatro ilhas: Java, Sumatra, Bornéu (Kalimantan) e Célebes (Sulawesi). Mais da metade vive na ilha de Java, onde se situa a capital, Jacarta.

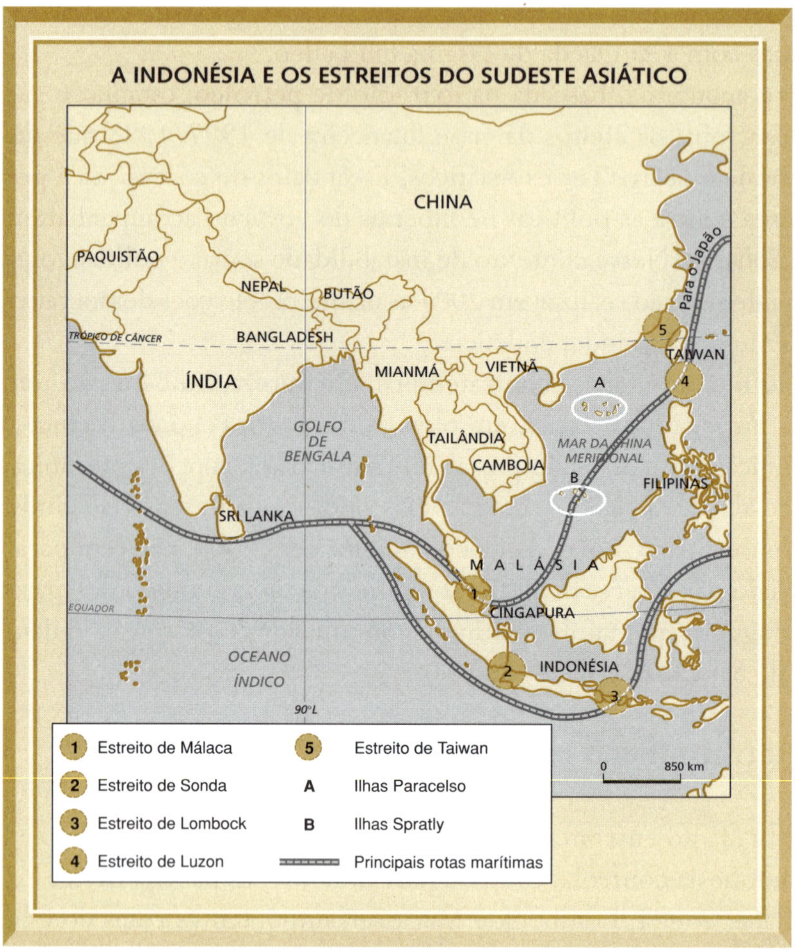

O lema nacional da Indonésia, "Bhinneka tunggal ika" ("Unidade na diversidade"), é uma alusão à incrível diversidade étnica e linguística de seus habitantes. São mais de 300 grupos étnicos, falando cerca de 250 idiomas. A existência de um grupo majoritário, os javaneses (45%), confere uma certa homogeneidade à população. Mas o principal traço de unidade cultural do país é mesmo a religião, já que mais de 90% dos indonésios seguem o islamismo, o que faz da Indonésia o país com a maior população muçulmana do mundo.

A diáspora chinesa

A Indonésia abriga a maior comunidade chinesa fora da China. Representando quase 4% da população, essa expressiva minoria encontra-se desigualmente distribuída pelo território. Boa parte vive em cidades em Java (sobretudo Jacarta), em Sumatra (região de Medan) e em Bornéu (sobretudo Pontianak). Existem três grupos de chineses étnicos dependendo do grau de mestiçagem e de integração cultural. Cerca de dois terços deles, os *peranakan*, estão há mais de um século no país e falam o indonésio no dia-a-dia. Já os *totok* (puros, em indonésio) chegaram mais recentemente e estão, portanto, menos aculturados. Por fim, existem os "chineses das ilhas" que falam principalmente o chinês. A imensa maioria dos chineses segue o cristianismo.

Essa importante minoria chinesa tem sido alvo de uma perseguição sistemática na última década, o que tem contribuído para a deterioração nas relações diplomáticas entre a China e a Indonésia. Verdadeiros *pogroms* ocorreram em Medan e, apenas em 1999, mais de 100 mil chineses étnicos abandonaram o país para fugir da fúria dos indonésios. A xenofobia contra os chineses coincidiu com um período de crise econômica, social e política, no qual é de costume buscar culpados para os problemas enfrentados. No caso da Indonésia, a próspera comunidade chinesa tornou-se um alvo fácil, já que os indonésios sempre acusaram os chineses de enriquecer à custa da colaboração com o regime colonial e com os governos corruptos e autoritários pós-independência. Também pesam sobre os chineses acusações de não "amar" a Indonésia e de continuarem sendo mais fiéis à China. Oportunistas, afirmam os indonésios, os chineses também abandonariam a Indonésia por qualquer outro país que lhes oferecesse melhores atrativos.

Expansionismo, transmigração e tensões regionais

Desde que conquistou a independência da Holanda, em 1949, a Indonésia deu início à sua expansão territorial, anexando regiões que aspiravam à emancipação na época da descolonização. Além de se considerar o herdeiro natural das antigas possessões coloniais holandesas da região, o país tinha o desejo de aglutinar os povos de civilização malaia e religião islâmica de todo o Sudeste Asiático.

Nesse sentido, a Indonésia incorporou a seu território a porção sul da ilha de Bornéu (Kalimantan), as ilhas Célebes (Sulawesi) e as ilhas Moluccas, depois de sufocar movimentos separatistas nos anos 1950. Na década de 1960, ocupou a parte ocidental da ilha da Nova Guiné (ex-Irian Jaya, atual Papua), se opôs, de início, à independência da colônia britânica da Malásia e tentou, ainda, incorporar Sarawak e Sabah, territórios do norte de Bornéu. Em 1975 o país voltou a manifestar suas intenções expansionistas, invadindo e anexando a parte oriental da ilha de Timor, o Timor Leste, que acabara de conquistar sua independência em relação a Portugal.

Ao lado da conquista de novos territórios, a Indonésia também embarcou numa controversa empreitada de colonização demográfica interna chamada de transmigração. Ela consistiu em instalar populações radicadas nas ilhas "centrais", especialmente Java, nos conjuntos insulares mais periféricos que compõem o país. O objetivo era promover uma melhor distribuição do contingente demográfico do país.

Tanto o expansionismo como a transmigração não foram bem recebidos pelas populações locais e geraram sangrentos conflitos e tensões principalmente em Aceh, nas Moluccas, em Célebes, em Papua, em Kalimantan e em Timor Leste.

Aceh

Situada no norte da ilha de Sumatra e grande produtora de petróleo e gás natural, a província reivindica a separação da Indonésia desde a descolonização holandesa. A Indonésia anexou militarmente a região, apesar de a população local querer criar ali um Estado islâmico independente. O conflito, iniciado nos anos 1950, ganhou novo impulso a partir da formação do Movimento Aceh Livre (GAM), em 1976.

Na tentativa de aplacar os ânimos, o governo concedeu autonomia em áreas como educação e religião – a Sharia foi introduzida em 2001. Mas os ressentimentos continuaram porque a renda obtida com a extração mineral ia direto para o bolso de Jacarta, privando a província de sua maior fonte de recurso. A imigração em massa de javaneses para Aceh, estimulada pelo governo, também aumentou a competição por empregos.

Cerca de 15 mil pessoas morreram, em sua maioria civis, nos embates da guerrilha com o governo até a assinatura de um histórico acordo de paz em 2005, fruto dos esforços conjuntos para a reconstrução de Aceh, região mais castigada pelo tsunami de 2004. Enquanto o governo central concedeu generosa autonomia à Aceh, libertou rebeldes presos e retirou o Exército da região, a guerrilha abriu mão da independência e aceitou a desmobilização e o desarmamento. Eleições diretas em Aceh, ocorridas em 2006, consolidaram o processo de paz ao colocar na chefia do governo local um ex-líder da guerrilha.

Moluccas e Célebes

O arquipélago das Moluccas foi varrido por uma espiral de violência entre cristãos e muçulmanos após a queda de Suharto, em 1998. Cerca de 5 mil pessoas morreram e outras 500 mil fugiram para outras partes da Indonésia. Os confrontos foram desencadeados principalmente pela transmigração. Os cristãos, que eram majoritários, tornaram-se minoria com a chegada nas ilhas de migrantes muçulmanos. Se de um lado os cristãos sentiram-se ameaçados pela mudança na composição demográfica das ilhas, os muçulmanos, por sua vez, achavam-se discriminados econômica e socialmente por ocupar cargos públicos sempre inferiores ao dos cristãos. Com a queda da ditadura militar, as animosidades rapidamente degeneraram numa carnificina que acabou se espalhando para ilhas vizinhas, sobretudo Célebes (Sulawesi). Ali, a migração muçulmana também desagradou profundamente a poderosa comunidade cristã. Um acordo de paz foi assinado nas Moluccas em 2002 e nas Célebes em 2001, mas atos esporádicos de violência geram ceticismo com relação a uma paz duradoura.

Papua (ex-Irian Jaya)

Ocupando a porção ocidental da ilha de Nova Guiné, Papua é palco de um antigo movimento separatista que remonta à época da retirada holandesa, no início dos anos 1960. Os papuas, habitantes naturais da ilha, de origem melanésia, queriam a independência, mas a Indonésia anexou a região. Foi então que se formou a guerrilha Movimento Papua Livre. A campanha pela secessão ganhou força por causa das tensões ali geradas pela transmigração, responsável pela instalação em Papua de muçulmanos de Java e de Célebes (Sulawesi). Com isso, papuas, que são animistas ou cristãos, hoje representam menos da metade da população, uma situação desconfortável, que tem provocado conflitos entre as comunidades. A oposição a Jacarta é agravada ainda por fatores econômicos. A província é riquíssima em petróleo, cobre e madeiras, mas a receita com a exploração desses recursos vai direto para os cofres do governo central. Em 2001, o governo aprovou um pacote de medidas que concedem maior autonomia à província, mas sua implementação tem sido lenta.

Kalimantan

Porção da ilha de Bornéu que pertence à Indonésia, Kalimantan tem sofrido com os violentos choques étnicos envolvendo os habitantes originais locais, os dayaks, e os migrantes muçulmanos da ilha de Madura. À semelhança de outras partes da Indonésia, a transmigração alterou a demografia da ilha e marginalizou os dayaks no acesso à terra e empregos. Os madureses também assumiram o controle dos grandes negócios nas áreas de mineração, exploração de madeira, produção de papel e plantação de óleo de palma. Cada vez mais insatisfeitos, os dayaks partiram para a violência especialmente em 2001, quando centenas de pessoas morreram, forçando a fuga de boa parte da comunidade maduresa de Kalimantan.

Timor Leste: um país em construção

Situado na parte oriental da ilha de Timor, Timor Leste é uma ex-colônia portuguesa que permaneceu sob domínio da Indonésia de 1975 a 1999. Não reconhecida internacionalmente, a anexação foi mantida sob violentos conflitos entre as forças de ocupação e a resistência armada representada pela Frente Revolucionária do

Timor Leste Independente (Fretilin), que deixaram cerca de 200 mil mortos. Apenas em 1999, em meio ao vazio de poder provocado pela queda do ditador Suharto, o novo governo cedeu às pressões externas e aceitou a independência de Timor Leste, aprovada pela população em um plebiscito realizado no mesmo ano. Nos anos que se seguiram, a Organização das Nações Unidas (ONU) preparou a região para a independência, oficializada em 2002.

O futuro promissor desenhado pela ONU para a mais nova nação do mundo esbarra em alguns obstáculos. Dono de um dos menores PIB's do mundo, Timor não consegue caminhar com as próprias pernas e depende de ajuda externa. A renda proveniente da exploração de petróleo no mar de Timor, a maior riqueza e maior esperança de desenvolvimento para o país, ainda não começou a jorrar nos cofres públicos. Timor continua a ser uma das nações mais pobres da Ásia, com uma taxa de desemprego na casa dos 40%, e a população começa a manifestar sua insatisfação com a demora na melhoria de suas precárias condições de vida. A grave onda de violência em 2006, abafada apenas com a ajuda de tropas internacionais, é um claro indicativo de que a construção de Timor será, na melhor das hipóteses, um processo lento e doloroso.

INDONÉSIA: INSULARIDADE E CONFLITOS INTERNOS

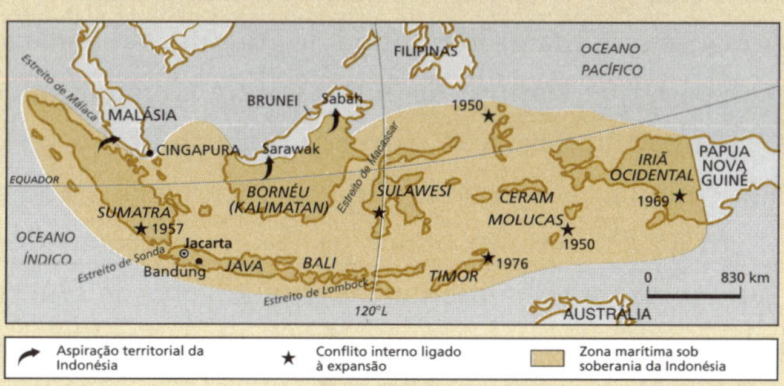

Parte 4

Extremo Oriente

"Se o século XX foi dos Estados Unidos, o século XXI será da Ásia." A previsão, que há algumas décadas mais parecia um exercício de futurologia, está próxima da realidade. Basta olhar para os acontecimentos no Extremo Oriente, a esquina mais dinâmica do continente asiático, que abrange o arquipélago do Japão e uma vasta área continental ocupada por toda a extensão da China, pelo norte da Mongólia e pela porção leste da península Coreana.

Ali, dois gigantes, a China e o Japão, comandam há meio século a engrenagem de uma revolução capitalista que está contagiando, com os requintes da modernidade, sociedades tradicionais e alterando as relações geopolíticas em escala planetária. Primeiro foi a vez do Japão, que renasceu das cinzas após a derrota na Segunda Guerra Mundial para se tornar nas décadas seguintes a segunda maior potência econômica do mundo, atrás dos Estados Unidos.

Embora o Japão se mantenha como incontestável epicentro geopolítico do Pacífico Oriental, se a China continuar crescendo no ritmo em que está, poderá se tornar, por volta de meados do século XXI, não só a principal potência regional, mas a maior economia do mundo. Tal cenário desagrada obviamente o Japão, que sempre disputou com a China a influência sobre o Extremo Oriente, numa relação marcada por profundos ressentimentos históricos. Não é demais lembrar que, apesar da normalização nas relações diplomáticas, em 1972, Pequim nunca perdoou as atrocidades cometidas pelas forças japonesas, especialmente durante a Segunda Guerra Mundial. Se, de um lado, a China acusa o Japão de falsidade nas manifestações de escusas, de outro, o Japão acusa a China de viver num eterno passado, remoendo feridas já cicatrizadas.

A pujança da China e do Japão é tamanha que acaba, até certo ponto, ofuscando o brilho de Taiwan e da Coréia do Sul, "Tigres Asiáticos" de primeira linha e primeira hora. No âmbito geopolítico, porém, eles se destacam como atores-chave no tabuleiro regional.

Taiwan porque abriga um antigo movimento separatista em relação à China comunista e que alcançou a independência de fato, mas não de direito. A ilha é considerada por Pequim uma "província rebelde" e vive sob ameaça constante de uma invasão militar chinesa. Um eventual choque militar entre China e Taiwan, porém, teria repercussões mundiais por causa do envolvimento dos Estados Unidos e do Japão em favor dos taiwaneses. Atualmente, portanto, Taiwan representa mais uma ameaça à convivência amistosa entre China e Japão no Pacífico Oriental. Outro foco de tensão é a oposição acirrada de Pequim à entrada do Japão como membro permanente do Conselho de Segurança da Organização das Nações Unidas.

Já a Coréia do Sul é protagonista, junto com a vizinha Coréia do Norte, talvez da última das grandes tensões geopolíticas originadas na

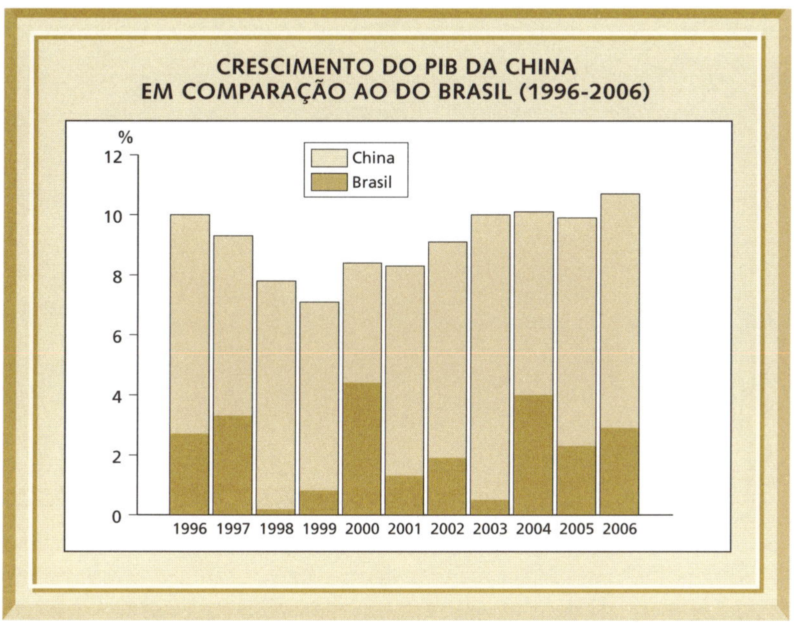

Fontes: Fundo Monetário Internacional (FMI) e Departamento de Estatísticas da China.

época da Guerra Fria. Em estado de guerra desde 1950, os dois países só começaram a dialogar em 2000, quando a crise econômica atingiu em cheio a Coréia do Norte, obrigando Pyongyang a se render à ajuda humanitária do sul para aplacar a fome de milhões de norte-coreanos. A reaproximação, no entanto, tem se mostrado um processo lento, cheio de idas e vindas.

12. Contrastes naturais

A parte continental do Extremo Oriente, isto é, fundamentalmente o território da China, apresenta paisagens muito diversificadas em decorrência da combinação entre os efeitos da latitude, da continentalidade e das várias feições morfológicas. De forma bem genérica, porém, elas podem ser agrupadas em duas grandes unidades naturais.

A primeira corresponde à China Centro-Ocidental, constituída de altos planaltos, como os do Tibete (sudoeste) e da Mongólia (norte), e de vastas depressões, como as bacias do Tarim e da Dzungária (noroeste). As elevadas cadeias montanhosas que emolduram essas depressões funcionam como obstáculos à ação de massas úmidas de ar vindas do oceano Índico. Essas cadeias de montanhas (Himalaia, Tian Shan, Karakorum, Altai, entre outras) possuem inúmeras áreas culminantes, cujas altitudes ultrapassam 7 mil metros. A disposição dessas cadeias em relação à dinâmica atmosférica regional explica em grande parte o domínio de climas áridos e semi-áridos em toda essa região chinesa.

A segunda grande área continental do Extremo Oriente corresponde à China Oriental, que apresenta um relevo bem menos acidentado, com domínio de terras baixas e planícies. Importantes rios, como o Huang-Ho (Amarelo), o Yang-Tsé Kiang (Azul) e o Sikiang (Vermelho), drenam esta vasta região chinesa.

O clima, embora diverso, é sempre mais úmido do que na porção centro-ocidental. Por causa dos efeitos da latitude, existem pelo menos três paisagens climato-botânicas. Ao norte, englobando a região da Manchúria e o leste do planalto da Mongólia, prevalece o clima temperado continental, com a ocorrência de florestas temperadas de coníferas e estepes. Um pouco mais ao sul, especialmente junto ao baixo vale do rio Huang-Ho, predomina o clima temperado oceânico. Por fim, no restante da China Oriental o clima é subtropical e tropical.

Já a parte insular do Extremo Oriente corresponde ao Japão, um arquipélago de aproximadamente 3,4 mil ilhas que se estendem por mais de 3,5 mil

quilômetros no sentido norte—sul. As quatro ilhas principais — Hokkaido, Honshu, Kiushu e Shikoku – representam quase 95% da área total do país.

Cerca de 80% do território é formado por planaltos, montanhas e escarpas, existindo mais de quinhentos pontos com altitude superior a 2 mil metros. Nas raras regiões onde a morfologia permite a ocupação humana, as densidades demográficas são bem altas. A megalópole Tóquio-Osaka e as principais cidades japonesas localizam-se nessas regiões litorâneas mais planas.

O arquipélago apresenta uma significativa variabilidade climática, principalmente em função da latitude — o país fica entre os paralelos de 30° N e 45° N. Se de um lado a maritimidade ameniza as diferenças térmicas decorrentes da extensão latitudinal, de outro, a ação das correntes marinhas provoca efeito contrário. Enquanto a corrente fria de Oia Shivo atua na porção norte, a corrente quente de Kuro Shivo influencia a porção meridional, tornando as temperaturas mais amenas.

Assim, a ilha de Hokkaido é de clima temperado frio, o centro-norte da Ilha de Honshu é de clima temperado oceânico e o centro-sul dessa ilha e das ilhas de Kiushu e Shikoku apresenta climas de características subtropicais. Nas montanhas e nos planaltos do interior, porém, as médias térmicas são sempre menores e a neve cai com freqüência.

O arquipélago japonês é assolado por abalos sísmicos com uma freqüência impressionante, porque está situado em pleno Círculo de Fogo do Pacífico, uma das zonas geológicas de maior instabilidade do planeta. São, em média, mais de mil a cada ano. Alguns terremotos foram marcantes, como o de Tóquio, ocorrido em 1923, que deixou mais de 100 mil mortos; e o da cidade de Kobe, em 1995, com cerca de 5 mil mortes. Também existem em território japonês 225 vulcões, dos quais 65 são considerados ativos. O destaque é o monte Fuji ou Fujiama, o ponto mais elevado do país, com 3.776 metros.

Além dos tremores de terra e das erupções vulcânicas, outras catástrofes naturais podem atingir o arquipélago. As intempéries climáticas às vezes são brutais. No inverno, ventos frios vindos da Sibéria russa provocam, em contato com o ar marítimo úmido, intensas nevascas, sobretudo na porção setentrional. Às vezes, apenas em uma noite ocorre o acúmulo de um metro de neve em áreas da ilha de Hokkaido. E a grande diferença de pressão atmosférica entre o Pacífico e as áreas continentais da Ásia traz tufões no verão (denominação dada aos furacões nessa parte do mundo). Eles são mais comuns nas porções meridionais do arquipélago, áreas que sofrem a ação periférica dos ventos das monções.

O custo ambiental do progresso

Após décadas de desenvolvimento acelerado, a China está pagando um pesado tributo ambiental. Não são poucos os que afirmam que o país é palco de uma das maiores catástrofes ecológicas da história. As perspectivas futuras não são nada animadoras, já que a continuidade do crescimento econômico e a ampliação do consumo só fazem aumentar a sede por energia e outros recursos naturais.

As agressões ao meio ambiente ocorrem em muitas frentes, de variadas maneiras. Para começar, o intenso processo de industrialização vem provocando índices recordes de poluição atmosférica. Não podemos esquecer que o país é o maior produtor mundial de carvão e grande parte de toda a energia gerada na China ainda provém da queima desse combustível fóssil, que é extremamente poluente.

Como resultado, nos últimos cinqüenta anos o país transformou-se no segundo maior emissor mundial de dióxido de carbono (CO_2), o principal gás responsável pelo aquecimento do planeta. Cerca de 15% das emissões mundiais são geradas na China, uma cifra monumental, superada apenas pela norte-americana.

Sete entre as dez cidades mais poluídas do mundo são chinesas, e o próprio governo reconhece que mais de 250 núcleos urbanos do país possuem qualidade do ar inferior aos padrões considerados razoáveis internacionalmente. A poluição atmosférica também é responsável por aproximadamente 75% das doenças crônicas e aparece como a principal causa das mortes ligadas a enfermidades respiratórias e cardíacas.

As chuvas ácidas — chuvas carregadas de óxidos de nitrogênio e dióxido de enxofre liberados na atmosfera pela queima de combustíveis fósseis — atingem cerca de 30% do território e contaminam em diferentes graus quase toda a rede fluvial do país. Pelo menos metade dos chineses não tem acesso a água potável de boa qualidade.

Com relação aos recursos hídricos, embora a China seja um país bem servido de fontes renováveis de água, a oferta *per capita* é baixa e aproxima-se da média disponível em áreas desérticas como o Oriente Médio e o norte da África.

Na parte ocidental do território, de clima árido e semi-árido e ocupação rarefeita, a questão da escassez é natural. Na parte oriental, onde se concentram o grosso da população e os pólos agrícolas e urbano-industriais, podem-se distinguir duas subáreas: a meridional e a setentrional.

A primeira reúne três quartos dos recursos hídricos de todo o país, graças à presença de rios caudalosos, em especial os da bacia do Yang-Tsé. A abundância de água, no entanto, tem causado transtornos: as enchentes ocorrem com freqüência nessa parte do território, deixando rastros de destruição, sobretudo nas imediações do rio Yang-Tsé.

Já a porção norte é bem mais seca, embora responsável pela geração de mais de 60% das riquezas primárias do país. Isso porque o volume de água do rio Huang-Ho (Amarelo), que sempre irrigou toda a área, está diminuindo a olhos vistos. Para se ter uma idéia da situação, em 1972, pela primeira vez na milenar história do país, o rio Huang-Ho secou e deixou de chegar ao mar por quinze dias. Atualmente, esse rio está reduzido a filetes de água em vários pontos do seu trajeto, e por mais de duzentos dias a cada ano suas águas não conseguem atingir o oceano.

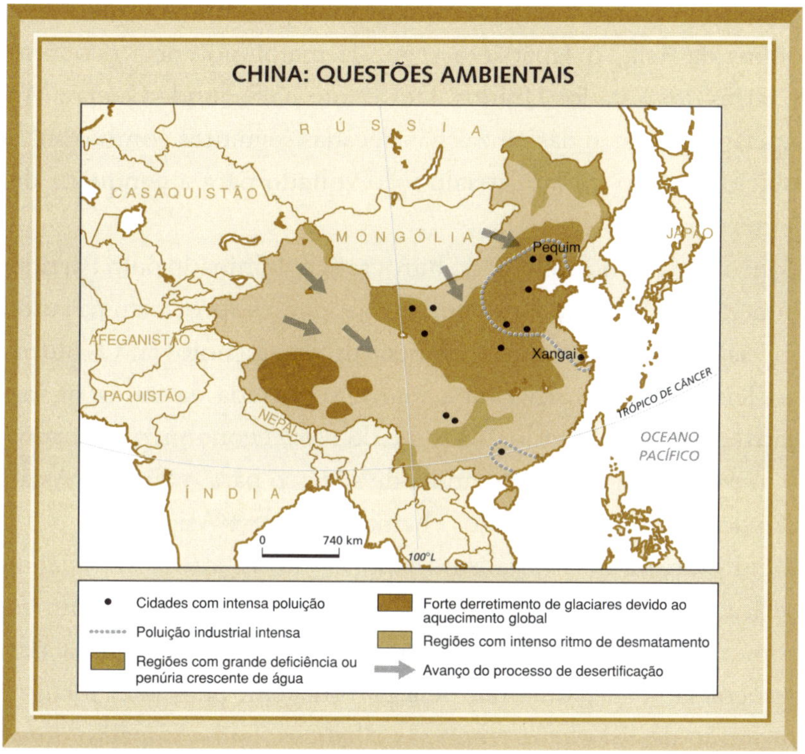

Fonte: Adaptado de Sinaï, Agnès, *Manière de voir*, fev/mar 2006, p. 86-87.

A falta de água põe em risco o sustento de milhões de camponeses que dependem das plantações para sobreviver. E, mesmo quando as colheitas são desastrosas, o que ocorre com freqüência, o governo exige o pagamento das taxas locais.

Secas no norte, inundações no sul, isso tudo sem mencionar a poluição e a contaminação das fontes de água. Por esses motivos, a questão hídrica começa a tirar o sono das autoridades chinesas. Com o objetivo de atacar o problema, estão em construção na China duas obras grandiosas: a Usina Hidrelétrica de Três Gargantas e o Projeto de Transposição Norte-Sul.

13. Japão: a saga de uma potência

Conhecido como a "terra do sol nascente" por causa de sua localização, nos confins da Ásia, o Japão é a segunda maior potência econômica do mundo, atrás dos Estados Unidos. Devastado na Segunda Guerra Mundial, o arquipélago renasceu das cinzas nas décadas seguintes como resultado de um ambicioso plano de industrialização voltado para a conquista de mercados externos.

Com o forte apoio do Estado burocrático dominado pelo Partido Liberal Democrático (PLD), conglomerados japoneses apostaram na automação e se especializaram na produção de bens de alta tecnologia. Os automóveis e eletroeletrônicos se tornaram a marca registrada da indústria japonesa nos quatro cantos do mundo. No auge do *boom* econômico, nos anos 1970 e 1980, o país exportou sua fórmula de sucesso para o Sudeste Asiático na condição de maior investidor dos chamados "Tigres Asiáticos".

A era gloriosa do capitalismo japonês durou até 1991, quando uma grave crise financeira trouxe à tona as vulnerabilidades de um modelo comprometido pela especulação no mercado de ativos (imóveis, ações etc.), pela burocracia governamental, pela patronagem, pelo favoritismo e pela superproteção do Estado às empresas e bancos. Sob o impacto do estouro da "bolha especulativa", a economia entrou numa fase de estagnação que se prolongou pelo resto dos anos 1990. O país só voltou a crescer recentemente, em decorrência de reformas que incentivaram o livre mercado e afastaram o Estado e o PLD da economia.

A "década perdida" de 1990 coincidiu com a ascensão de um discurso nacionalista que procura resgatar o papel de liderança do Japão no cenário global. Após meio século no ostracismo geopolítico, sob as rédeas de uma Constituição pacifista outorgada no pós-guerra, o país começa a demonstrar sua insatisfação com a proibição de manter Forças Armadas e atuar em guerras e conflitos, sequer com o envio de missões de paz. Com o objetivo de conquistar uma voz ativa na comunidade internacional e quem sabe obter o tão sonhado assento permanente no Conselho de Segurança das Nações Unidas (ONU), seus líderes mostram-se dispostos a reformar a Constituição.

Tais pretensões geopolíticas assustam países da bacia do Pacífico Oriental, temerosos de um ressurgimento do Japão imperial, militarista e expansionista que dominou a região do final do século XIX até a Segunda Guerra Mundial. Apesar das demonstrações públicas de perdão e do reatamento diplomático, China e Coréia do Sul, em especial, guardam enormes ressentimentos das atrocidades cometidas pelo Exército japonês durante o período da ocupação.

Nesse cenário de feridas ainda não cicatrizadas, as relações na região chegaram ao ponto mais crítico nos últimos anos por causa das polêmicas visitas anuais do ex-primeiro-ministro Koizumi (2001-2006) ao Santuário Yasukuni, que homenageia heróis militares japoneses, inclusive os acusados de crimes de guerra e contra a humanidade. Chineses e coreanos também consideraram um ato de provocação a decisão do Japão de reeditar, em 2005, um livro de história que omite crimes de guerra cometidos por este país.

Ao lado das tensões geopolíticas, o Japão acompanha a vertiginosa escalada econômica da China com desconfiança. Afinal, mantido o atual ritmo de crescimento, a ascensão do país vizinho ao posto de maior potência econômica do Extremo Oriente, desbancando o Japão, é apenas uma questão de tempo. O brilho da China também incomoda o arquipélago porque acirra a competição pelos recursos naturais que ambos importam em quantidades colossais.

Ao mesmo tempo, o Japão só tem a ganhar ao aproximar-se desse gigante mercado consumidor e comprador — acredita-se, inclusive, que o arquipélago voltou a crescer sobretudo por causa do comércio com a China. Não por acaso, as autoridades japonesas hoje admitem como prioridade a normalização das desgastadas relações com a China. Para isso, no entanto, será preciso abrir mão das tentadoras demonstrações nacionalistas que, se de um lado trazem popularidade a seus líderes, de outro comprometem a eventual parceria para a paz e o desenvolvimento do Extremo Oriente.

Internamente, o Japão enfrenta um grave problema demográfico que está alterando o perfil da vida em sociedade e poderá abalar o crescimento econômico. Enquanto a fatia da população com mais de 65 anos não pára de aumentar, o segmento com menos de 15 anos não pára de diminuir. Atualmente, o Japão já é o país com a maior proporção de idosos e a menor proporção de crianças do globo.

O que está por trás dessa reviravolta na pirâmide demográfica? Primeiro, como o país possui um elevadíssimo padrão de vida, os japoneses vivem mais do que em qualquer outro lugar do mundo. Por outro lado, está cada vez mais difícil encontrar um parceiro e os casais decidem ter cada vez menos filhos. Com isso, o universo familiar e infantil perde força e representação na sociedade. E as baixas taxas de natalidade sinalizam, a médio e longo prazos, a dramática redução da população adulta e trabalhadora que constitui a espinha dorsal de qualquer economia. O fantasma da falta de mão-de-obra, portanto, está em vias de se tornar perigosamente real no Japão.

Evolução geopolítica

A partir da segunda metade do século XIX, o Japão conheceu uma guinada histórica de grande magnitude. Saiu do isolamento e tornou-se um Estado com o poder centralizado num regime monárquico constitucional. Era o início da chamada Era Meiji.

Temeroso de uma eventual expansão russa na região do Pacífico Norte, o país aproximou-se dos Estados Unidos. Um dos frutos dessa parceria foi a modernização da economia capitalista. Do ponto de vista militar, o Japão dotou-se de um exército e de uma marinha moderna. Com isso, foram criadas as condições para o início de um processo de conquista de territórios para além do arquipélago japonês.

Numa primeira fase, o Japão declarou guerra contra a China, que estava enfraquecida pela ocupação estrangeira e pelos conflitos internos. A vitória conquistada em 1895 deixou evidente que a China, por conta de seu tamanho e de sua enorme população, seria uma preocupação constante da geopolítica nipônica.

Ao ocupar Taiwan e a Coréia, os japoneses colocaram um pé na Ásia do Norte. Ali, começaram a entrar em choque com os russos, também atentos à falta de controle do combalido Império Chinês sobre a sua periferia (Manchúria, Mongólia e Tibete).

Enxergando a Grã-Bretanha como um importante aliado contra as pretensões russas, o Japão assinou com os britânicos, em 1902, um tratado de aliança. Pouco depois, em 1904-1905, promoveu uma campanha militar vitoriosa contra a Rússia (guerra russo-japonesa).

Pelo Tratado de Portsmouth, o Japão tomou dos russos a porção meridional da ilha de Sacalina, reafirmou seu interesse sobre a Coréia e anexou um pequeno território ao sul da Manchúria. Logo depois o Império nipônico e o Império dos czares partilharam zonas de influência sobre a Manchúria e a Mongólia.

Na Primeira Guerra Mundial, o Japão aliou-se à Tríplice Entente e, com a derrota alemã, apoderou-se das colônias germânicas existentes no Pacífico Norte. A incorporação das ilhas Marianas, Carolinas e Marshall ampliou o domínio japonês no Pacífico.

A partir da década de 1930, o Japão lançou-se numa política de expansionismo territorial, com contínuas agressões aos países da região. Os imperialistas japoneses seguiam duas estratégias, a “continental” (ou “siberiana”) e a “colonial”. A primeira encarregou o Exército de expandir o domínio japonês para a China do norte, Mongólia e Sibéria, rivalizando principalmente com a União Soviética. A estratégia “colonial”, delegada à Marinha, visava a conquista de colônias inglesas, francesas e holandesas na Ásia. Todavia, o principal obstáculo a esse projeto expansionista era a forte presença dos Estados Unidos no Pacífico (Alaska, ilhas Aleutas, Filipinas e principalmente no Havaí).

De 1930 a 1939, o país optou pela doutrina “continental”. Todavia, em 1941, após assinar um pacto de neutralidade com a União Soviética, o governo japonês adotou a estratégia “colonial”. Assim, no final de 1941, o Japão atacou a base norte-americana de Pearl Harbour, no Havaí, ação que lhe trouxe duas conseqüências: a entrada dos Estados Unidos na guerra e a conquista das colônias européias do leste e sudeste asiáticos.

Em algumas semanas, o Japão conquistou um território de cerca de 8 milhões de km^2, com aproximadamente 450 milhões de pessoas. Embora fosse um integrante do "Eixo", junto com Alemanha e Itália, a enorme distância em relação aos parceiros europeus, aliada à dura reação norte-americana, levaram à derrota nipônica em 1945.

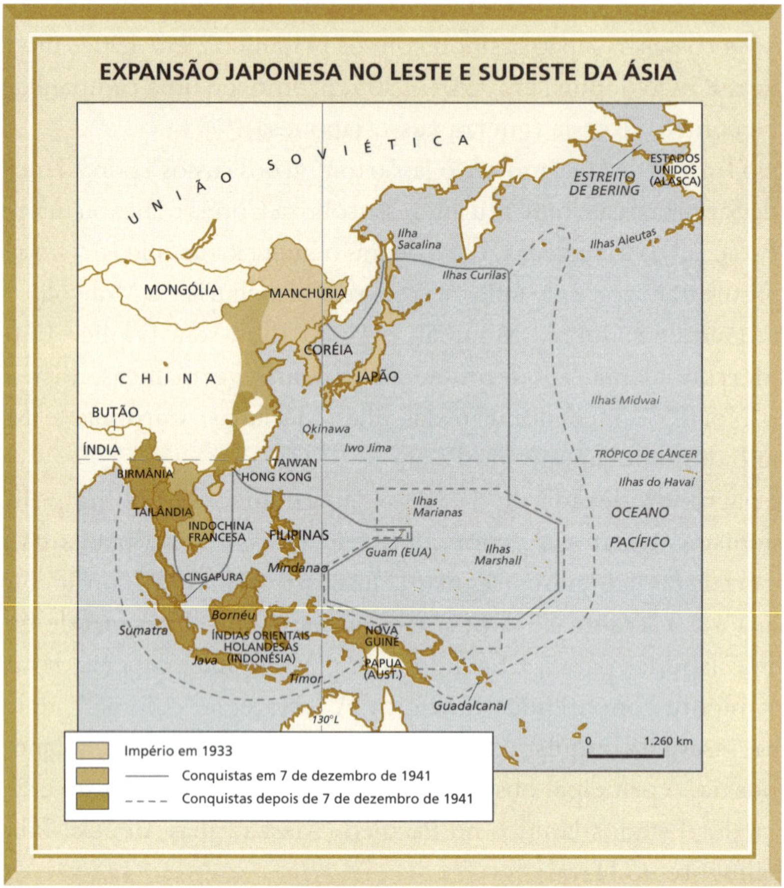

A derrota do Japão também se acelerou porque a União Soviética declarou guerra ao país em 1945, logo após o encerramento do conflito no cenário europeu. Os soviéticos retomaram a Manchúria, o norte da Coréia e as ilhas Sacalinas e Kurilas. Chegaram ainda a exigir uma zona de ocupação no Japão, mas os Estados Unidos recusaram e ocuparam todo o arquipélago japonês. Com o fim da guerra, o Japão perdeu todas as anexações territoriais obtidas após 1895.

O Japão após 1945

Com o início da Guerra Fria, a vitória comunista na China (1949) e a Guerra da Coréia (1950-1953), o Japão deixou sua condição de país vencido e ocupado para se tornar um forte aliado do esforço norte-americano de contenção do comunismo no leste asiático.

A partir da década de 1960 o Japão se consolidou como potência econômica de vocação mundial, e sua diplomacia se especializou na conquista de mercados para seus produtos. Daí a sua imagem de "gigante econômico e anão político", dada a dependência estratégica dos Estados Unidos.

Na década de 1970, o Japão tentou recuperar as ilhas Kurilas em troca de investimentos na Sibéria soviética. Para os japoneses, as Kurilas são um prolongamento natural e cultural da ilha de Hokkaido. A União Soviética porém recusou a proposta pois as Kurilas haviam transformado o mar de Okhotsk numa espécie de *mare nostrum* soviético.

A partir da última década do século XX, uma série de eventos mundiais e regionais lançou o Japão num novo ciclo geopolítico. As relações com a Rússia têm se mantido frias, dada a negativa do governo russo em discutir a questão das Kurilas. Por outro lado, Tóquio assiste com atenção a emergência da China como potência econômica e política. A aproximação com o país vizinho, embora gerando benefícios econômicos mútuos, tem esbarrado na negativa do governo japonês em reconhecer plenamente as atrocidades cometidas contra populações chinesas na Segunda Guerra Mundial.

Diante desse novo desafio, e também dos desdobramentos na península Coreana, o Japão tem reforçado seu potencial militar e estreitado ainda mais sua parceria com os Estados Unidos. No tabuleiro geopolítico do Pacífico Norte os interesses convergentes e divergentes do Japão, dos Estados Unidos, da Rússia, da China e das Coréias podem levar a tensões geopolíticas que deságüem em eventuais conflitos.

14. China, a potência emergente

Nação mais populosa do planeta e dona de um território de dimensões continentais, a China sempre chamou a atenção do mundo por conta de sua grandeza. Comunista, agrária e pobre, essa nação mais parecia um gigante moribundo no final dos anos 1970. Em questão de décadas, porém, o país se converteu numa potência capitalista, como resultado de um dos mais intensos processos de modernização econômica da história.

Com taxas de expansão anual do Produto Interno Bruto (PIB) próximas a 10%, a economia chinesa é a que mais cresce há algum tempo. Em 15 anos (1990- 2005) seu PIB saltou de 355 bilhões para 2,3 trilhões de dólares, o quarto maior do planeta. Nesse ritmo, apontam as previsões, em meados do século XXI a China poderá ser a principal economia do globo, deixando para trás os Estados Unidos.

A estratégia chinesa consistiu em instalar fábricas de bens de consumo voltadas para a exportação em províncias da costa, as chamadas Zonas Econômicas Especiais (ZEE). Graças a maciços investimentos estrangeiros, atraídos pelos baixos custos de produção, a participação da China no comércio internacional saltou vertiginosamente e os produtos *made in China* invadiram o mundo.

A industrialização só foi possível por causa da oferta abundante de mão-de-obra barata e qualificada para trabalhar nas multinacionais que montaram fábricas na China. Como esse valioso capital humano é uma herança direta do período Maoísta, que investiu pesado na educação e na saúde de seus cidadãos, o comunismo ironicamente criou as condições perfeitas para a revolução capitalista em curso na China.

A "Longa Marcha" para o desenvolvimento, porém, não ocorre sem sobressaltos. Além de importante nação exportadora, a China despontou nos últimos anos como potência importadora. Para dar continuidade ao milagre econômico e saciar a sede de consumo de uma massa de novos-ricos, o país está comprando praticamente todo o tipo de *commodities* e em quantidades colossais. Obviamente, o apetite voraz dos chineses assusta o mundo por causa dos efeitos nefastos para a natureza.

Em 2003, a China ultrapassou o Japão e se tornou a segunda maior compradora de petróleo do mundo, pressionando um mercado ameaçado pela escassez. Nesse mesmo ano, a crescente demanda por energia também fez da China a maior importadora de carvão mineral. Devido ao alto consumo de óleo e de carvão, esse último queimado em usinas termoelétricas altamente poluentes, a China já é o segundo maior emissor de gases que contribuem para o aquecimento global. No Sudeste Asiático, a assinatura de contratos bilionários para a extração de madeira promete destruir num futuro próximo boa parte do que restou das florestas tropicais da região.

Ao lado das agressões ao meio ambiente, o milagre econômico chinês vem agravando as disparidades sociais e regionais no interior do país. Uma das maiores conquistas que a China obteve com as reformas foi a redução da pobreza: de acordo com o relatório *China Human Development Report 1997*, o total de chineses vivendo na linha nacional de pobreza caiu de 250 milhões, em 1978, para 30 milhões em 2000. "Talvez nunca na história um número tão grande de miseráveis tenha passado a receber uma renda minimamente decente num período tão curto de tempo", afirmam seus autores.

Embora mais próspero, o país está cada vez mais desigual. O contraste entre o PIB *per capita* de Xangai (15 mil dólares) e do Tibete (2 mil dólares) é um exemplo emblemático do abismo galopante entre as dinâmicas províncias industrializadas do litoral e as abandonadas regiões agrícolas do interior. A diferença entre pobres e ricos também só aumenta por razões como a falta de investimento no campo, onde vive a grande massa de despossuídos; as altas taxas de desemprego nas cidades, em decorrência da reestruturação das estatais; e a erosão do sistema público de saúde e de educação, que sempre foi a vitrine da China comunista. De acordo com o índice GINI, que mede as desigualdades sociais, um país começa a enfrentar tensões sociais quando esse atinge 40.0. Em 2001, o GINI chinês girava em torno de 44.7!

A quarta geração de líderes do Partido Comunista Chinês (PCCh), no poder desde 2003, enfrenta portanto o desafio de assegurar um desenvolvimento mais igualitário e voltar a promover o bem mais valioso da China, o seu capital humano. Caso contrário, a instabilidade social poderá se transformar num problema de primeira ordem para o governo, ao lado da crescente pressão popular e internacional pela democratização.

Como se sabe, a China combina desde o início das reformas, em 1979, a economia de mercado com a ditadura de partido único. O governo mantém pulso firme na repressão à oposição, seja ela política, religiosa ou étnica, violando sistematicamente os direitos humanos. Mas à medida que a sociedade se moderniza, se ocidentaliza e se globaliza, as contradições entre liberdade econômica e repressão política tornam-se cada vez mais aparentes. O primeiro sinal de esgotamento desse modelo aconteceu em 1989, no massacre da Praça da Paz Celestial, em Pequim.

Desafios demográficos

Com 1,3 bilhão de habitantes, a China é o país mais populoso do planeta, abrigando cerca de 20% da população mundial. Esse contingente humano, que já era enorme na época da Revolução Comunista (1949), cresceu de forma assustadora nas décadas seguintes graças ao estímulo dos governantes chineses, especialmente Mao Tsé-tung, que via no aumento demográfico um caminho para o engrandecimento do país.

A população chinesa aproximava-se da marca de 1 bilhão, por volta de 1980, quando os sucessores de Mao decidiram adotar um rígido controle de natalidade para conter as ameaças de uma explosão demográfica. Se não fosse assim, é bem provável que a população chinesa seria hoje composta por 1,6 bilhão de habitantes.

A chamada política de "um filho por casal" é exercida na base do "toma-lá-dá-cá", isto é, concede vantagens para os casais com apenas um filho e impõe severas penas para os transgressores. O aborto, legalizado pelo governo, pode ser feito com facilidade a custos relativamente baixos.

A campanha antinatalista teve relativo êxito nas áreas urbanas, mas encontrou grande resistência no campo, onde vive cerca de dois terços da população chinesa. Em meio aos contratempos, a taxa de crescimento anual da população, que era de 2,4% em 1970, caiu para cerca de 1%. Embora prossiga até hoje, sua aplicação foi suavizada.

Além dos problemas relacionados ao tamanho, a composição sexual da população também é uma fonte potencial de instabilidade. A política de um só filho, aliada à predileção dos chineses pelo sexo masculino, provocou um efeito colateral não avaliado pelas autoridades. O número de homens já supera o de mulheres em cerca de 40 milhões de indivíduos, um desequilíbrio sexual sem paralelos na história da humanidade. Nesse ritmo, por volta de 2020, milhões de jovens chineses do sexo masculino não poderão casar por absoluta falta de parceiras disponíveis.

O governo chinês e especialistas temem o aumento da violência por conta do desequilíbrio sexual. O seqüestro e a venda de mulheres para camponeses em busca de esposas já é uma realidade cotidiana em várias regiões do interior da China. O fenômeno começa a atingir países vizinhos como Coréia do Norte, Vietnã e Tailândia. Estudos também demonstram que a maior parte dos crimes na China é cometida por homens jovens e sem laços familiares.

A preferência por filhos do sexo masculino está ligada a razões culturais e econômicas. Além de serem mais valorizados na tradição confuciana da China, são os filhos a mão-de-obra essencial na economia familiar da zona rural. Num país onde as redes de proteção social são quase inexistentes, os filhos também se encarregam de cuidar dos pais na velhice, garantindo sua aposentadoria. Por conta disso, os dirigentes chineses permitem aos casais com primogênito mulher tentar gerar um filho homem quatro anos depois. As filhas, por sua vez, saem de casa para se dedicar à família de seu cônjuge.

Como a baixa taxa de natalidade é acompanhada de um aumento na expectativa de vida, o país enfrenta outro problema: o rápido crescimento de idosos. Atualmente, as pessoas com mais de 65 anos representam quase 9% da população total, ou cerca de 115 milhões de pessoas. Por volta de 2040 esse grupo deverá chegar a 400 milhões, representando 25% da população total. Para muitos especialistas, a China tem a sociedade que envelhece mais rapidamente em todo o mundo, o que coloca para o Estado o desafio de criar uma rede de seguridade social que ampare essas pessoas quando elas não estiverem mais trabalhando. O temor das autoridades chinesas é que a sociedade fique velha antes de ficar rica, o que agravaria ainda mais as tensões sociais.

Do ponto de vista étnico, a China apresenta um panorama singular. Mais de 90% da população pertence à etnia han. O restante — algo como 120 milhões de pessoas — se distribui entre 56 grupos étnicos diferentes. As minorias nacionais mais importantes são os tibetanos, os uigures (povos de tradição cultural turca e religião muçulmana) e outros grupos islâmicos que habitam a porção noroeste do país.

PRINCIPAIS ETNIAS DA CHINA

A diáspora chinesa

Aproximadamente 30 milhões de chineses vivem fora do território da China. Desse total, cerca de 85% está na Ásia, 10,5% nas Américas, 2,5%

na Europa, 1,2% na Oceania e 0,4% na África. Apenas quatro países abrigam mais de dois terços da diáspora chinesa pelo mundo: Indonésia (24%), Tailândia (20%), Malásia (18%) e Cingapura (7%). Se a estes juntarmos Vietnã, Mianmá, Filipinas, Estados Unidos e Canadá, países em que também fixaram residência, esses nove países agrupariam 90% dos chineses em terras estrangeiras. Os 10% restantes, cerca de 3,5 milhões de indivíduos, estariam espalhados por mais de 120 países.

Os extremos são curiosos: na Finlândia, por exemplo, eles não chegam a duas dezenas, enquanto na Indonésia os chineses étnicos ultrapassam 7 milhões. É justamente nesse país, onde se encontra o maior número de indivíduos da diáspora, que as relações com as populações autóctones são mais complicadas.

Contrastes regionais

Com uma superfície de mais de 9,5 milhões de km², a China é o terceiro maior país do mundo em extensão, apenas superado pela Rússia e pelo Canadá. Do extremo leste aos confins ocidentais, as distâncias ultrapassam 4 mil quilômetros. Seu vasto litoral é banhado pelos mares Amarelo, da China Oriental e da China Meridional.

O território chinês possui três grandes unidades regionais. A primeira delas, a **China Marítima**, é a região mais povoada, urbanizada e rica do país. A China Marítima começou a se desenvolver no século XIX, quando concessões coloniais privilegiaram cidades costeiras, como Cantão e Xangai. A ocupação japonesa, na década de 1930, e a implantação do regime comunista, em 1949, acentuaram seu poderio econômico e demográfico. Na década de 1980, a região torna-se o palco central do milagre econômico chinês, com a instalação das Zonas Econômicas Especiais (ZEEs), os enclaves industriais estrangeiros nas áreas litorâneas.

Ao mesmo tempo, as reformas capitalistas provocaram fortes impactos regionais. De um lado, aumentaram os desequilíbrios entre a China Marítima e as demais unidades regionais do país. De outro, os ritmos de crescimento na própria China Marítima entraram em descompasso. A porção meridional, onde se localizam Cantão e Hong Kong, é a que mais cresce, distanciando-se da área de Pequim e, mais ainda, da estagnada Manchúria, onde a economia gira em torno da indústria pesada estatal por conta das significativas reservas minerais de carvão ali existentes.

A presença de Hong Kong, ponte entre a China e os investidores internacionais, e o intercâmbio com Taiwan determinam as taxas alucinantes de expansão na porção meridional. Com a abertura econômica, a região retomou os laços históricos com a diáspora chinesa no Sudeste Asiático, gerando novos circuitos de negócios.

A oeste da China Marítima existe uma região mais interiorizada, a **China Agrícola**. A região mantém sua tradição agrária e se comporta cada vez mais como reservatório de mão-de-obra não-especializada e barata para os centros urbanos da costa. Nessa área ficam os grandes cinturões agrícolas, especialmente junto aos vales dos rios Hoang-Ho, ao norte, e do Yang-Tsé, ao sul. Trigo e arroz são respectivamente os produtos mais cultivados nesses vales fluviais superpovoados.

Por fim, no extremo oeste fica a **China Periférica**. Embora corresponda a mais de 65% do território, essa vasta região desértica e montanhosa concentra apenas 10% da população. Na China Periférica, três áreas merecem destaque: o Tibete ou Xizang (sudoeste); o Xinjiang-Uigur, antigo Turquestão chinês (noroeste); e a Mongólia interior ou Nei Menggu (ao norte, junto às fronteiras com a Mongólia).

O Tibete foi ocupado pelos chineses nos anos 1950 e, desde aquela época, os tibetanos reivindicam a independência. No antigo Turquestão chinês e na Mongólia interior, regiões de importante valor estratégico para a China, parte expressiva dos habitantes não é de origem han. O governo chinês, praticando uma estratégia de "soldagem étnica" do território, estimula migrações han para essas áreas interiores.

A crescente marginalização econômica e social, aliada à existência de vastos espaços habitados por etnias não-chinesas, está aprofundando o abismo entre a China Marítima e a China Periférica. O descontentamento tem estimulado as manifestações autonomistas e separatistas que podem colocar em risco a integridade territorial do país.

Hong Kong: a pérola da Ásia passa para o controle da China

Hong Kong foi colônia britânica durante um século e meio e reincorporada à China Popular em julho de 1997. A região autônoma de Hong Kong, que corresponde ao antigo território colonial, possui área de 1.045 km^2 e 6 milhões de habitantes, exibindo densidade demográfica extremamente elevada. Corresponde ao quarto maior mercado financeiro do mundo — atrás de Nova York, Tóquio e Londres — e ao porto mais movimentado da Ásia. Pelos acordos firmados em 1997, Hong Kong teria 50 anos para se adaptar ao regime político do resto da China. Até 2047, esses dois "pedaços" da China viverão num esquema denominado pelos líderes chineses de "um país, dois sistemas".

Uma evolução política peculiar

A trajetória histórica que transformou a China num dos pólos emergentes da economia mundial teve início em 1912, com a proclamação da República por Sun Yat-sen, o líder do Partido Nacionalista Chinês (Kuomintang). Em 1921, era fundado o Partido Comunista Chinês (PCCh) e Mao Tsé-tung logo assumiria a liderança. Nos anos seguintes, nacionalistas e comunistas uniram-se para combater os "senhores da guerra", chefes militares regionais aliados às potências estrangeiras.

Mas a parceria se rompeu e iniciou-se uma longa guerra civil entre os comunistas e o regime do Kuomintang, comandado por Chiang Kai-shek, desde a morte de Sun Yat-sen. Em 1934, forças comunistas sitiadas conseguiram escapar para o oeste e depois para o norte do país, até a cidade de

Yenan. Essa fuga épica ficou conhecida como a Longa Marcha. Foram mais de 10 mil quilômetros percorridos a pé em pouco mais de um ano.

A invasão japonesa, em 1937, interrompeu a guerra civil entre nacionalistas e comunistas. A derrota nipônica reacendeu o conflito. Em outubro de 1949, os comunistas ocuparam Pequim e proclamaram a República Popular da China, enquanto os nacionalistas se refugiaram na ilha de Taiwan, onde criaram o regime rebelde da República da China, cuja existência passou a ser garantida pelos Estados Unidos. A Guerra Fria chegava à Ásia Oriental.

A China comunista

A vitória comunista na China foi uma espécie de senha para o início da Guerra da Coréia (1950-1953). Quando forças comunistas da Coréia do Norte invadiram a Coréia do Sul, tanto norte-americanos quanto chineses envolveram-se no conflito. A posterior instalação de um regime comunista no Vietnã do Norte, em 1954, levou os Estados Unidos a formalizar pactos e acordos militares com países da Ásia Oriental e Meridional para isolar a China.

Na década de 1950, a China esteve aliada à União Soviética. Nessa época, o desenvolvimento do país assentava-se num programa de industrialização acelerada que dava destaque para as indústrias de base. Essa estratégia, conhecida como *grande salto para frente*, acabou fracassando. O desastre econômico abalou as relações com Moscou, até a ruptura formal, em 1960, que deu início a um período de isolamento político e diplomático da China no cenário internacional. Embora os chineses alegassem razões ideológicas para o rompimento, a China se ressentia da negativa soviética em auxiliar o desenvolvimento de seu programa nuclear.

No plano interno, a agricultura passou a ser a prioridade, com a criação das Comunas Populares. A Revolução Cultural (1966-1969) fortaleceu os setores mais radicais do Partido Comunista e deflagrou expurgos e perseguições contra as correntes moderadas. Nessa época, milhões de pessoas foram perseguidas ou mortas, acusadas de conspiração contra o regime. No início dos anos 1970, época da retirada norte-americana do Vietnã, a China se aproximou dos Estados Unidos com o nítido propósito de marginalizar a União Soviética. Paradoxalmente, o isolamento internacional que o país vivia se rompeu da forma mais surpreendente.

A China do "capitalismo vermelho"

A morte de Mao Tsé-tung, em 1976, abriu uma nova fase no relacionamento da China com o mundo. Deng Xiao-ping, líder da corrente moderada do Partido Comunista, tomou as rédeas do regime após derrotar as facções radicais que tinham dado as cartas durante a Revolução Cultural. Em 1978, Deng iniciou a abertura econômica do país. O Programa das Quatro Modernizações acabou com as Comunas Populares e criou mercados livres para produtos agrícolas. Ao mesmo tempo, atraiu os investimentos estrangeiros, implantando as Zonas Econômicas Especiais (ZEEs), e estimulou o intercâmbio com Hong Kong e Taiwan. Desde essa época, o regime chinês combina abertura econômica e totalitarismo político, excêntrica combinação que tem sido objeto de tensões permanentes.

Em 1989, protestos pela democracia ocorreram em muitas cidades do país, culminando com as grandes manifestações estudantis na Praça da Paz Celestial, na capital, Pequim. A violenta repressão que se abateu sobre os estudantes reafirmaram o caráter da ditadura do Partido Comunista, mas deixou no ar uma dúvida: por quanto tempo a liberdade econômica poderá conviver com o despotismo político?

Megaprojetos, vitrine da nova China

Projetos e construções faraônicas tornaram-se símbolo da China atual, um país onde tudo é grandioso, a começar pelo território e pela população. Some-se a isso a ambição quase cega pelo progresso e a necessidade de mostrar ao mundo os dotes chineses para a engenharia e a construção. Não por acaso, alguns dos maiores empreendimentos do planeta têm a China como endereço: a Usina Hidrelétrica de Três Gargantas no rio Yangtsé, o Projeto de Transposição de águas Sul–Norte e a ferrovia

Goldmud–Lhasa. Para o governo, eles são motivo de orgulho nacional, mesmo diante das conseqüências devastadoras para as comunidades locais e para o meio ambiente.

Três Gargantas

Quando as 26 turbinas da Usina Hidrelétrica de Três Gargantas estiverem operando em plena carga, o que está previsto para ocorrer em 2009, ela se tornará a maior hidrelétrica do mundo, superando décadas de liderança da usina brasileiro-paraguaia de Itaipu. Com esse projeto, o governo chinês espera atacar de frente o problema da demanda por eletricidade. As autoridades também acreditam que a barragem irá ajudar no controle de enchentes no rio Yang-Tsé, que já tiraram a vida de centenas de milhares de pessoas nos últimos tempos.

Três Gargantas é enorme de qualquer ponto de vista. De acordo com o governo, o projeto vai custar 25 bilhões de dólares, mas cálculos extraoficiais falam em cifras bem mais altas. Para se ter uma idéia de sua vasta estrutura, o paredão da barragem, inaugurado em 2006, se estende por mais de 2 quilômetros ao longo do rio Yang-Tsé.

Para dar lugar à usina, mais de 1 milhão de chineses tiveram de abandonar suas moradias e 1.200 vilas ficarão completamente submersas pelas águas do reservatório. Embora o governo tenha prometido indenização, casa e emprego para todos os desalojados que dependem do rio para sua sobrevivência, burocratas locais corruptos estão embolsando o dinheiro destinado às compensações.

O custo ambiental é enorme. Barragens desse porte, afirmam ecologistas, podem até ser uma solução fácil para o problema da escassez de energia e de água e para o controle de enchentes. No entanto, as hidrelétricas riscam para sempre do mapa vastas porções de terra e alteram o frágil equilíbrio de hábitats de inúmeras espécies aquáticas e terrestres. No caso da bacia do Yang-Tsé, uma área riquíssima em biodiversidade e de uma incrível beleza natural, centenas de peixes e anfíbios serão afetados por Três Gargantas e outras usinas menores em processo de construção.

Transposição de águas

Já o Projeto de Transposição Sul–Norte nasceu de uma constatação óbvia: se o país sofre com a seca no norte e possui água para dar e vender no sul, por que não criar uma rede de canais para conectar as duas regiões? Foi então que o governo embarcou numa das mais ambiciosas empreitadas de transposição de águas da história, prevista para terminar em 2050. O projeto envolve a construção de três megacanais de concreto que irão captar água no rio Yang-Tsé, no sul, e transportá-la por mais de mil quilômetros até os rios Amarelo, Huai e Hai, no norte.

Os críticos, no entanto, alegam que a única lógica por trás da obra é mesmo a "mania de grandeza" das autoridades chinesas. Além de oneroso — o custo final será de mais de 20 bilhões de dólares — e catastrófico para as cerca de 250 mil pessoas que serão reassentadas, o projeto nunca irá resolver sozinho o dilema do déficit hídrico. Nesses casos, a saída mais eficaz é a adoção de políticas públicas que encorajem a economia e o uso racional da água, como a reciclagem, o conserto de vazamentos na rede e a melhoria nos sistemas de irrigação.

Uma ferrovia no teto do mundo

O outro megaempreendimento em solo chinês é a ferrovia que liga Lhasa, capital da região autônoma do Tibete, a Golmud, na província ocidental de Qinghai. Com 1.140 quilômetros de extensão, seus trilhos cruzam a imponente cadeia do Himalaia a altitudes superiores a 4 mil metros em 80% do trajeto. No ponto mais alto, a estrada atinge 5.072 metros, o que lhe garante o título de ferrovia mais elevada do mundo.

Assim que o primeiro trem deixou Golmud rumo a Lhasa, em julho de 2006, o governo chinês teve motivos de sobra para comemorar o grande feito. A viagem pelo teto do mundo exigiu artimanhas da engenharia para estabilizar os trilhos sobre centenas de quilômetros de *permafrost* – um solo escuro e gelado. Nas cabines, janelas com filtro ultravioleta, pressurização e tubulações de oxigênio são alguns dos dispositivos necessários para proteger os passageiros dos efeitos nocivos da altitude.

Ícone de uma era gloriosa para a China, a inauguração da estrada Goldmud-Lhasa sinaliza, ao mesmo tempo, o início de uma fase sombria para o Tibete, um santuário budista ocupado por Pequim em 1950, apesar da resistência da população local. Por trás do discurso oficial, de que a ferrovia trará desenvolvimento a uma região atrasada, revela-se a estratégia de integrar definitivamente o Tibete à China. Nesse caso, o governo apóia-se não na força das armas, mas no poder da demografia. Afinal, Pequim planeja usar a ferrovia para transportar imigrantes chineses diretamente para o coração do Tibete com o objetivo de marginalizar pouco a pouco e em seu próprio território a comunidade tibetana, sua identidade, sua cultura e suas tradições.

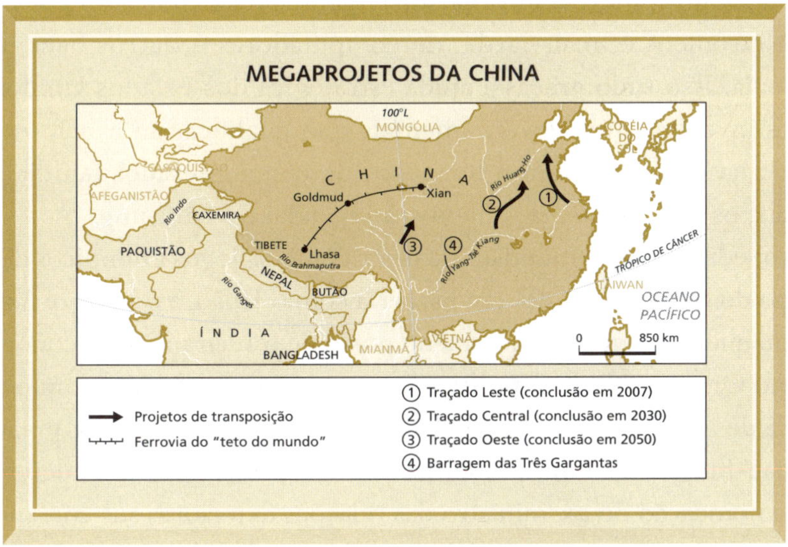

15. Coréia: a península da discórdia

Um dos últimos resquícios da Guerra Fria tem como endereço a península Coreana. Ali, uma fronteira altamente militarizada separa a Coréia do Norte da Coréia do Sul, países "irmãos" que acabaram seguindo trajetórias opostas desde o armistício que interrompeu, em 1953, o conflito entre eles. Passado meio século da traumática Guerra da Coréia (1950-1953), a expressão que melhor define a realidade nessa península do extremo leste da Ásia é o contraste entre uma história capitalista de sucesso e um regime comunista em plena decadência.

Nas décadas seguintes à guerra, a Coréia do Sul conquistou um lugar de destaque no comércio internacional como líder exportadora de carros, eletroeletrônicos e, mais tarde, de computadores e outros bens de alta tecnologia. Isso tudo graças à ajuda estratégica dos Estados Unidos e de pesados investimentos governamentais que qualificaram a mão-de-obra sul-coreana e encorajaram a formação de conglomerados familiares industriais, os famosos *chaebols*, como a Hyundai e a Samsung.

Ao sediar eventos mundiais de peso, como os Jogos Olímpicos de 1988 e a Copa do Mundo de 2004 em parceria com o Japão, esse "Tigre Asiático" mostrou que está em plena forma no posto de terceira maior economia do Extremo Oriente. No *front* político, a reaproximação de Seul com o norte, batizada de "política da luz do sol", rendeu ao seu mentor, o ex-presidente Kim Dae-Jung, o Prêmio Nobel da Paz em 2000. Seis anos depois, em 2006, a nomeação do ex-ministro das relações exteriores sul-coreano, Ban Ki-moon, para Secretário Geral da Organização das Nações Unidas (ONU) só veio reafirmar a projeção internacional da Coréia do Sul.

Se a Coréia do Sul aumenta seu brilho a cada dia, a Coréia do Norte segue direção contrária como um solitário bastião do comunismo no mundo. Desde a divisão da península e sobretudo após o término da Guerra Fria, o país mergulhou na pobreza sob o comando de um regime totalitário mais ocupado em cultuar a personalidade enigmática de seus líderes, promover seu poderio militar e gerar apreensão mundial com um programa nuclear secreto e proibido.

Após décadas de dirigismo estatal, a indústria pesada (única existente) está inoperante e obsoleta e a produção no campo é para lá de insuficiente. Ao lado da carência de terras propícias ao cultivo (apenas cerca de 20% é arável), enchentes e secas periódicas destroem as plantações também prejudicadas pela falta de investimento em máquinas e tecnologia. Com isso, não é exagero afirmar que a vida no norte se resume a uma luta diária por comida. Mais de um terço das crianças estão cronicamente malnutridas e ondas recorrentes de fome vêm matando norte-coreanos aos milhões.

Ironia do destino: foi o estado de falência econômica da Coréia do Norte que ditou a aproximação com o sul, interrompendo meio século de hostilidades na península. Nos anos 1990, quando a crise atingia em cheio o norte, com grave escassez de alimentos, o regime sul-coreano passou a enxergar o país vizinho não como ameaça, mas como um "irmão" em agonia. Foi assim que o então presidente sul-coreano, Kim Dae-Jung, estendeu as mãos para o norte, lançando a "política da luz do sol". Em 2000, Kim Dae-Jung encontrou em Pyongyang o dirigente norte-coreano, Kim Jong Il, dando início às negociações para uma futura reunificação da península.

Nos anos seguintes, a "política da luz do sol" rendeu frutos como o reencontro de famílias separadas há meio século, a construção de uma ferrovia ligando o norte e o sul e a inauguração do complexo de Kaesong, onde empresas sul-coreanas instalaram fábricas e empregam milhares de norte-coreanos. Apesar da cooperação econômica, o pilar dessa política sempre foi a ajuda humanitária. Pyongyang tornou-se absolutamente dependente dos alimentos e outros itens de primeira necessidade que Seul passou a enviar sistematicamente para o norte.

Mas a reconciliação na península sofreu um forte abalo em 2002, quando os Estados Unidos, sob forte impacto do ataque terrorista em Nova York, incluíram a Coréia do Norte no chamado "eixo do mal" — o grupo de inimigos potenciais de Washington quer por possuir armas de destruição em massa ou por promover o terrorismo. Pyongyang reagiu às declarações norte-americanas com a retomada, em 2003, de seu programa nuclear, congelado desde 1994. Ignorando apelos da comunidade internacional, o país testou em julho de 2006 mísseis de longo alcance, um deles supostamente capaz de atingir os Estados Unidos. E, em outubro do mesmo ano, anunciou a explosão de sua primeira bomba atômica, num teste subterrâneo perto da fronteira com a China.

Apesar das dúvidas quanto à real potência e eficácia da bomba, o teste norte-coreano representou uma séria ameaça à segurança do leste da Ásia, aumentando o risco de uma corrida nuclear na região envolvendo outros países, como o Japão e a Coréia do Sul. No plano internacional, a reprovação aos testes foi unânime e a ONU logo aprovou um pacote de sanções econômicas contra a Coréia do Norte. Nesse processo, porém, enquanto os Estados Unidos defendiam uma política de linha dura contra a Coréia do Norte, a China e a Coréia do Sul mostraram-se contrárias à adoção de medidas extremas que isolassem Pyongyang por completo. No início de 2007, a decisão de Pyongyang de abandonar novamente o seu programa nuclear em troca de ajuda externa abriu um novo período de diálogo e reconciliação na península.

No complicado xadrez geopolítico da região, o maior interesse da Coréia do Sul e da China é garantir a paz ao longo de suas fronteiras. Isso significa evitar, a todo custo, a implosão do regime norte-coreano. Enquanto a Coréia do Sul teme as conseqüências dramáticas de uma reunificação súbita, a China se preocupa, sobretudo, com o fluxo descontrolado de refugiados para o seu território. Cerca de 2 milhões de coreanos étnicos (incluindo até 300 mil refugiados) já cruzaram a porosa fronteira do norte do país à procura de melhores condições de vida na potência econômica vizinha. Não por acaso, China e Coréia do Sul são hoje os principais doadores de ajuda humanitária para a Coréia do Norte e também os maiores parceiros comerciais de Pyongyang, fornecendo-lhe combustível, alimentos e bens de consumo. Tudo em prol da estabilidade do enigmático e imprevisível vizinho norte-coreano.

História turbulenta

Durante séculos, a Coréia foi objeto de disputas entre chineses, mongóis, japoneses e russos. No final do século XIX, tornou-se alvo do expansionismo do Japão Meiji. As guerras sino-japonesa (1894-1895) e russo-japonesa (1905) abriram caminho para a anexação da península Coreana pelo Japão, em 1910. Os japoneses engajaram-se em desenfreada repressão, procurando destruir a cultura coreana e suprimir sua língua nacional. O trauma da prolongada ocupação manifesta-se ainda hoje sob a forma de profunda hostilidade coreana em relação aos japoneses.

Em 1945, a ofensiva quase simultânea das forças soviéticas, no norte, e americanas, no sul, libertou a Coréia da ocupação japonesa. Mas os coreanos não conseguiram ter uma só nação soberana e aceitaram, provisoriamente, a criação de duas entidades que possuíam regimes antagônicos: o norte comunista e o sul capitalista.

Contudo, a deflagração da Guerra Fria provocou a implosão das negociações pela reunificação da península e, em 1948, as zonas de ocupação deram lugar a dois Estados rivais, separados pelo paralelo de 38º N. A Coréia do Norte, sob o regime comunista, alinhou-se com a União Soviética, enquanto a Coréia do Sul era incorporada à esfera de influência dos Estados Unidos.

A Revolução Chinesa, de 1949, aprofundou as tensões na região. A Guerra da Coréia teve início em 1950, com a invasão da parte sul da península por tropas da Coréia do Norte. Essa ação fez com que tropas norte-americanas e aliadas, sob a bandeira das Nações Unidas, desembarcassem na região, expulsando e empurrando as forças norte-coreanas até as proximidades da fronteira chinesa.

Nesse momento, as forças armadas chinesas entraram no conflito. O recuo das tropas norte-americanas levou, no final de 1950, à estabilização do *front* junto ao paralelo 38º, que perdurou até 1953. Pelo armistício de Panmunjon, produziu-se um cessar-fogo permanente. A ausência de um tratado de paz transformou o paralelo 38º numa fronteira instável entre Estados. Desde o fim da guerra, cerca de 40 mil soldados norte-americanos permanecem acantonados na Coréia do Sul, com o objetivo de coibir uma eventual invasão da Coréia do Norte ao território da Coréia do Sul.

O mais importante dos "Tigres"

A Coréia do Sul é o mais importante dos chamados "Tigres Asiáticos". Como resultado do desenvolvimento econômico e social das últimas três décadas o país já apresenta características de alto desenvolvimento. Do ponto de vista econômico, por exemplo, suas exportações correspondem a mais ou menos o dobro das vendas externas do Brasil, revelando um modelo econômico voltado para a conquista mundial de mercados.

No período de três décadas o país passou da pobreza e do subdesenvolvimento para a condição de uma nova economia industrial. O modelo implantado a partir de meados da década de 1970 baseou-se na íntima relação entre os conglomerados industriais (*chaebols*), os bancos e o Estado e na exploração de uma mão-de-obra qualificada e severamente enquadrada pelas leis trabalhistas governamentais.

O modelo só mostrou sua fragilidade quando os *chaebols* passaram a ficar muito endividados e com excedentes na produção. Em 1998, eles não resistiram à crise dos mercados financeiros asiáticos ocorrida no ano anterior. Ao socorrer a Coréia, o FMI fez pressão com vistas ao desmantelamento dos *chaebols* e a uma maior abertura do país aos capitais estrangeiros.

Desde então, a estratégia de recuperação tem se traduzido num aumento da liberalização e em novas e maiores compressões dos custos salariais. A globalização financeira pôs fim ao acordo nacional entre os conglomerados econômicos e o Estado. Após um breve período de incertezas, a economia sul-coreana retomou o crescimento.

Coréia do Norte: pobre, porém nuclearizada

A Coréia do Norte, apesar de fazer parte do seleto clube de países que possuem artefatos nucleares, apresenta uma economia extremamente subdesenvolvida e seus indicadores sociais estão entre os mais baixos do mundo. Paupérrimo, o país direciona parte expressiva de seus parcos recursos para o orçamento militar.

Desde a divisão da península na década de 1950, a estrutura de poder do regime norte-coreano pouco se alterou. Até 1994 o governo foi exercido por Kim Il Sung de forma ditatorial. Quando de sua morte o longevo ditador norte-coreano foi substituído por seu filho Kim Jong Il numa espécie de sucessão familiar comunista.

A Coréia do Norte é atualmente um dos principais focos de tensão internacional no mundo por conta de seu programa nuclear. O governo norte-americano tem acusado o país de planejar a construção de bombas atômicas e tem reiterado exigências no sentido de que esse processo seja interrompido.

O programa militar nuclear norte-coreano foi criado com a finalidade política de manter a ditadura comunista. Em troca do congelamento de seu programa nuclear, a Coréia do Norte conseguiu assistência financeira dos Estados Unidos e uma promissora distensão das relações com a Coréia do Sul, iniciada em 2000.

Todavia, como já comentamos, depois dos ataques de 11 de setembro de 2001 nos Estados Unidos por terroristas islâmicos, a administração norte-americana, agora engajada na Doutrina Bush, colocou a Coréia do Norte entre os países pertencentes ao "eixo do mal" e, com isso, embaralhou outra vez a situação. Em represália, a Coréia do Norte retomou o desenvolvimento de mísseis de alcance intermediário e de ogivas nucleares.

Em 2003, a Coréia do Norte anunciou seu rompimento com o Tratado de Não-Proliferação Nuclear e, dois anos mais tarde, declarando ostensivamente possuir armas nucleares, não aceitou mais a fiscalização de suas instalações militares por parte da Agência Internacional de Energia Atômica. Em 2006, o país fez diversos testes com mísseis junto ao mar do Japão, o que acirrou ainda mais as tensões geopolíticas regionais. Em outubro do mesmo ano, realizou o seu primeiro teste nuclear. Mais de cinqüenta anos após o fim da Guerra da Coréia, o futuro da região da península Coreana continua incerto.

AS DUAS CORÉIAS FRENTE A FRENTE

Dados Estatísticos	**Coréia do Norte**	**Coréia do Sul**
Área (m^2)	120.540	99.260
População (milhões)	22,5	48,8
PIB (bilhões de dólares)	22,0	605,3
Exportações (milhões de dólares)	1.066	193.817

Fontes: *Almanaque Abril* 2006 e *L'état du Monde* 2006.

Bibliografia

BALENCIE, Jean-Marc & LA GRANGE, Arnaude de (orgs.). *Mondes rebelles: guerres civiles et violences politiques*. Paris, Michalon, 1999.

BONIFACE, Pascal (org.). *Atlas des relations internationales*. Paris, Hatier, 1997.

BOYD, Andrew. *An atlas of world affairs*. Londres, Routledge, 1998.

BRENER, Jayme. *Jornal do século XX*. São Paulo, Moderna, 1998.

CHAUPRADE, Aymerie & THUAL, François. *Dictionnaire de geopolitique (États, concepts, auteurs)*. Paris, Ellipses, 1998.

CORDELIER, Serge (org.). *Le dictionnaire du 20e siècle*. Paris, La Découvert, 2000.

COSTA, Wanderley M. da. *Geografia política e geopolítica*. São Paulo, Hucitec/ Edusp, 1992.

De BLIF, H. J. & MULLER, Peter O. *Geography: realms (Regions and concepts 2000)*. Nova York, John Wiley & Sons, 2000.

DJALILI, Mohammad-Reza & KELLNER, Thierry. *Geopolitique de la nouvelle Asie Centrale*. Paris, PUF, 2001.

DEMANT, Peter. *O mundo muçulmano*. São Paulo, Contexto, 2004.

DIAMOND, Jared. *Colapso: como as sociedades escolhem o fracasso ou o sucesso*. Rio de Janeiro, Record, 2005.

FERRO, Marc. *História das colonizações*. São Paulo, Companhia das Letras, 1996.

GLASSNER, Martin I. *Political geography*. Nova York, John Wiley & Sons, 1995.

HAESBAERT, Rogério (org.). *Globalização e fragmentação no mundo contemporâneo*. Niterói, EdUFF, 1998.

HUNTINGTON, Samuel P. *O choque das civilizações e a recomposição da ordem mundial*. Rio de Janeiro, Objetiva, 1997.

KEPEL, Gilles. *Jihad*. Rio de Janeiro, Biblioteca do Exército Editora, 2003.

LA COSTE, Yves (dir.). *Diccionnaire geopolitique des États*. Paris, Flamarion, 1995.

MAGNOLI, Demétrio. *Relações internacionais: teoria e história*. São Paulo, Saraiva, 2004.

MAGNOLI, Demétrio (org.). *A história das guerras*. São Paulo, Contexto, 2006.

MARTIN, André Roberto. *Fronteiras e nações*. São Paulo, Contexto, 1992.

OLIC, Nelson Bacic. *Conflitos do mundo: questões e visões geopolíticas*. São Paulo, Moderna, 2000.

———. *A Guerra do Vietnã*. São Paulo, Moderna, 1991.

POUJOL, Catherine. *Le Kazakhstan, Colection Que sais-je?*, nº 3.250. Paris, Presses Universitaires de France, 2000.

RASHID, Ahmed. *Jihad*. São Paulo, Cosac & Naify, 2003.

ROY, Olivier. L'Asie Centrale contemporaine. *Coleção Que sais-je?*, nº 3.601. Paris, PUF, 2001.

SELLIER, Jean. *Atlas des peuples d'Asie Méridionel et Orientale*. Paris, La Découverte, 2001.

STORIG, Hans J. *A aventura das línguas*. São Paulo, Melhoramentos, 1990.

THORAVAL, Yves. *Dictionnaire de civilization musulmane*. Paris, Larousse, 2001.

THUAL, François. *Geopolitiques au cotidien*. Paris, Dunod, 1993.

TREVISAN, Cláudia. *China: o renascimento do império*. Rio de Janeiro, Planeta, 2006.

WINCHESTER, Simon. *Krakatoa: o dia em que o mundo explodiu*. Rio de Janeiro, Objetiva, 2004.

Periódicos

MUNDO — GEOGRAFIA E POLÍTICA INTERNACIONAL. São Paulo, Pangea (vários números).

MANIÈRE DE VOIR. Paris, Le Monde Diplomatique.

L'ATLAS DU MONDE DIPLOMATIQUE. Paris, Le Monde Diplomatique.

HÉRODOTE: REVUE DE GEOGRAPHIE ET DE GEOPOLITIQUE. Paris, La Découvert.

ALMANAQUE ABRIL 2006. São Paulo, Abril.